HANS KRAAY J

Van dezelfde auteur:

Eindbestemming Zanderij (2005)
Drama in het Lenin-stadion (2007)

Iwan Tol

Hans Kraay jr.

Achter de kleedkamerdeur

Nieuw Amsterdam *uitgevers*

Eerste druk februari 2012
Tweede druk februari 2012
Derde druk maart 2012
Vierde druk maart 2012
Vijfde druk april 2012
Zesde druk juni 2012
Zevende druk juli 2012

Omslagontwerp Mulder van Meurs, Toni Mulder
Omslagfoto © Klaas Jan van der Weij
NUR 491
ISBN 978 90 468 1240 2
www.nieuwamsterdam.nl/iwantol

Inhoud

Overzicht loopbaan Hans Kraay jr.

1978-1979:	AZ'67
1979:	Edmonton Drillers (zomer)
1979-1981:	Excelsior
1980:	San Jose Earthquakes (zomer)
1981-1982:	HFC Haarlem
1982-1983:	NAC
1983:	Edmonton Eagles (zomer)
1983-1985:	Brighton Hove & Albion FC
1985-1986:	RKC
1986-1987:	Helmond Sport
1987-1990:	Eindhoven
1990-1992:	De Graafschap
1992-1993:	SVV/Dordrecht'90
1993-1995:	Telstar
1995-1996:	FC Den Bosch
1996:	Sint-Niklaas

INLEIDING

De moeder van Dennis Bergkamp

En toen moest Hans Kraay jr. als verslaggever van SBS6 plotseling de ouders van Dennis Bergkamp bellen. De tv-zender wilde een interview met de sterspeler van Arsenal, maar niemand op de redactie had zijn nummer, ook Kraay jr. niet. Met lood in zijn schoenen toetste hij daarom even later het nummer in van het ouderlijk huis van Bergkamp. De moeder van Dennis Bergkamp nam op. 'Goedendag, u spreekt met Hans Kraay jr., u kent mij misschien wel...'

Ja, de moeder van Dennis Bergkamp kende Hans Kraay jr. zéker. Van de aanslagen op de benen van haar zoon. En hadden die aanslagen zich nou maar beperkt tot zijn benen, maar het was nog veel erger geweest. Als verdediger van De Graafschap was Kraay jr. ooit al eens op Bergkamp afgestapt in de spelerstunnel. Niet om hem een prettige wedstrijd te wensen, maar om hem met een knietje in zijn kruis alvast een beetje uit te schakelen. Daarna had Kraay jr. negentig minuten lang als een bezetene Bergkamp achterna gerend, loerend op zijn enkels.

Díe Hans Kraay jr. hadden de ouders van Bergkamp nu dus aan de lijn. Die dwaas, die gek. Ook in de goede zin van het woord trouwens. Kraay jr. was geen topvoetballer geweest, zeker niet. Maar wél iemand die door al zijn avonturen uitgroeide tot een van de meest flamboyante persoonlijkheden die ooit op de Nederlandse velden heeft rondgelopen. Waar Hans Kraay jr. was, daar gebeurde altijd iets. En je wist van tevoren nooit wat. Hij kon zomaar de voorzitter ontvoeren (Edmonton Drillers), de trainer in bad verzuipen (EVV Eindhoven) of trouwen met de serveerster die hij een week eerder was tegengekomen in de pub (Brighton Hove & Albion FC). Daardoor kon je eigenlijk geen hekel aan hem krijgen. Zelfs de moeder van Dennis Bergkamp niet.

Toen Kraay jr. Danny Blind, 42-voudig international en winnaar van twee Europacups en een wereldbeker, interviewde, vertrouwde de Ajax-verdediger zijn gesprekspartner toe: 'Ik ben jaloers op jouw carrière. Je hebt leuk werk bij de tv, je hebt drie jaar in de Verenigde Staten gewoond en gevoetbald, je hebt twee jaar in Engeland gespeeld, je hebt andere culturen mogen meemaken. Dat heb ik nooit meegemaakt. Ik ben dan misschien financieel rijk, jij bent geestelijk rijk.'

En inderdaad, kleurrijk wás de carrière van Kraay jr. Zeventien jaar voetbal (1979-1996) voerde hem langs zestien clubs: AZ, Edmonton Drillers, Excelsior, San Jose Earthquakes, HFC Haarlem, NAC, Edmonton Eagles, Brighton FC, RKC, Helmond Sport, EVV Eindhoven, De Graafschap, Telstar, FC Den Bosch en Sint-Niklaas. Kraay jr. voetbalde met George Best, woonde samen met Guus Hiddink, zag Louis van Gaal nog in korte broek, was ploeggenoot van Ruud Gullit, stond in de mandekking tegenover Marco van Basten en maakte de opkomst van Ruud van Nistelrooy mee. Hij stond er, als middelmatige verdediger, maar mooi met zijn neus bovenop.

In die zeventien jaar profvoetbal leek het soms wel alsof er twee personen in Hans Kraay jr. huisden. Meestal was hij beminnelijk en aanraakbaar voor iedereen. Gewoon, een leuke gozer. Maar er kon ook een duiveltje in hem bovendrijven en dan was er geen land meer met hem te bezeilen. Het maakte Kraay jr. ongrijpbaar en onvoorspelbaar. In 1983, als speler van

De frêle technicus versus de ordinaire schopper. 'Bergkamp was mijn grootste vernedering.' © *Michel Sterrenberg*

NAC, sloeg hij een scheidsrechter neer. Hij was het niet eens geweest met een gele kaart. Gevolg: een schorsing van vierentwintig wedstrijden en een notering in de top-3 van langst geschorste voetballers.

In de jeugd van AZ had Kraay jr. nog als een groot talent gegolden. Later bij Excelsior werd hij een zeer gewaardeerde middenvelder. Zozeer zelfs dat een uitnodiging voor Jong Oranje klaar lag en een transfer naar PSV bijna was afgerond. Maar toen kwamen de blessures: gescheurde kruisbanden, een beenbreuk, en nóg een. Volgens fysiotherapeut Ted Troost was de kans dat hij in een rolstoel zou terugkomen zelfs groter dan dat hij weer op het voetbalveld zou staan.

Maar Kraay jr. ging tóch door, al was hij geen schim meer van het talent dat hij ooit was. Stond hij vóór zijn kwetsuur nog bekend als een verdedigend goeie kopper, daarna kwam hij nog maar half zo hoog. De dynamiek in zijn spel was verdwenen. Die zou nooit meer terugkomen. De stijlvolle technicus werd een alledaags bijtertje.

Waarschijnlijk in een freudiaanse zucht zijn vader te verbeteren, speelde hij oerend hard. Wild. Ruig. Verbeten. Want of hij nou wilde of niet, altijd en overal zou hij langs de meetlat van zijn vader worden gelegd. Een ongelijke strijd. Zijn vader glorieerde in volle stadions en speelde in het voetbal de hoofdrol. Hijzelf was niet meer dan een figurant. Voor Kraay jr. restte er nog maar één andere manier om zich te onderscheiden: harken. Schoppen. Bijten. Gek doen.

Het lukte wonderwel ook nog. Toen hij met Dordrecht'90 tegen Ajax speelde, hieven de toeschouwers in De Meer het lied 'We willen Kraay in een rolstoel' aan. 'Ze kennen me dus toch ergens van,' lachte Kraay dan. 'Ik was in elk geval geen "zoon van" meer. Ik was Hans Kraay jr., de verzamelaar van gele en rode kaarten. Ik liep als een varken over het veld. En was er nog trots op ook.' Zijn vader niet. Als die op zondagavond als commentator van buitenlandse wedstrijden terugkwam op Schiphol kon hij aan het hoofdschudden van de douaniers al zien dat zijn zoon zich weer had misdragen.

Kraay jr. was een dwaas op de voetbalvelden. Dat wisten alle spitsen, én hun ouders. Van de vierendertig wedstrijden die

Dennis Bergkamp in een seizoen speelde, sloegen vader en moeder Bergkamp er steevast twee over. Inderdaad, de keren dat Hans Kraay jr. in het veld stond. De frêle technicus versus de ordinaire schopper. Natúúrlijk was dat een ongelijke strijd. ‘Bergkamp was mijn grootste vernedering,’ erkent Kraay jr. nu, ouder en wijzer. ‘En het ergste was nog: Dennis had zoveel beschaving dat hij niet eens boos werd. Ik was de moeite niet waard. Ik was maar Kraay jr.’

En tóch, ondanks alles, werd de moeder van Bergkamp niet boos toen ze Hans Kraay jr. aan de lijn kreeg. ‘Wat hebben we jou vervloekt,’ zei ze. ‘Maar nu vinden we je zo’n leuk schoffie bij SBS6.’

Spijt van alles? ‘Welnee,’ zegt Kraay jr. terugblikkend. ‘Ik was toch geen misdadiger? Ik heb veel domme dingen gedaan in mijn leven, maar ik heb ook vaak in de spiegel gekeken en geleerd van mijn fouten. En als ik niet op het randje had gespeeld, met dat invalide lichaam van me, dan had ik bij Bennekom gespeeld. Nu heb ik het toch allemaal mogen meemaken. En om eerlijk te zijn, ik had het voor geen goud willen missen.’

1

Jeugdidolen over de vloer

Waarin Hans Kraay jr. niet snapt waarom Jan Boskamp en Joke Bruijs zo vaak samen oppassen, hij droomt van Willem van Hanegem en verkering krijgt met een getrouwde vrouw.

Je jongenskamer vol posters van roemruchte spitsen en nors kijkende verdedigers. Een dekbed van je favoriete club. Elke avond met de bal naar bed. Elke 10-jarige die droomt van een carrière als profvoetballer kan erover meepraten. Voor Hans Kraay jr. kwam zijn jeugdidool als vanzelf zijn jeugd binnenglijden, want met een vader als oud-speler en jeugdtrainer van Feyenoord was het voor hem heel normaal dat er regelmatig beroemde spelers over de vloer kwamen. Joop van Daele bijvoorbeeld, wereldberoemd vanwege zijn kapot getrapte brilletje in de wereldbekerfinale voor clubteams tussen Feyenoord en Estudiantes, die kwam geregeld op de koffie. Voor kleine Hans was hij gewoon Ome Joop, zoals Jan Boskamp Ome Jan was. Inderdaad, speler van Feyenoord 1, maar ook de man die als terreinknecht het gras maaide op Varkenoord en met wie hij in de zomer altijd mee mocht op de grasmaaier om veld 1 in orde te maken. Ome Jan was ook oppas van Hans. Net als actrice Joke Bruijs trouwens, wier broer in het tweede elftal speelde. En soms pasten ze 'toevallig' allebei op. Niet zelden werd Hans wakker van het gestommel in de woonkamer als Jan en Joke door een vreemd misverstand kennelijk weer eens dubbel geboekt waren door zijn ouders.

Er was echter één speler die voor Kraay jr. geen oomfiguur was, maar een heus jeugdidool: Willem van Hanegem. Iemand die heel dichtbij, maar tegelijkertijd ook heel ver weg was. Een man van het volk en toch ongrijpbaar. Het was met Van Hanegem precies zoals zijn moeder het zei: 'Als Van Hanegem op tv was, hoefde je het geluid niet eens aan te zetten. Dan volstond kijken alleen.' En dat deed Kraay jr. dan ook op de woensdagmiddagen als de spelers van Feyenoord gingen kaarten op Varkenoord, in de kantine van ome Henk. 'De Kromme' kende die kleine van Kraay wel. 'Ha Hanssie,' begroette Van Hanegem hem dan. En voor Kraay jr. was zijn middag, wat heet, zijn week geslaagd. 's Nachts lag hij in zijn bedje van Van Hanegem te dromen. Hij wilde niets liever dan net zo goed worden als zijn idool. En als dat niet zou lukken, vooruit, dan maar ooit met Van Hanegem samenspelen.

Kraay jr. speelde in de jeugd bij Feyenoord, waar hij tevergeefs hoopte op een doorbraak naar het eerste. Tussen Varkenoord en De Kuip lag slechts één weg, maar het voelde halverwege de jaren zeventig alsof er een reuzenblokkade was opgeworpen tussen die twee bastions. Feyenoord was een Europese topclub – de zojuist gewonnen UEFA Cup stond nog te glanzen in de prijzenkast. Wilde je als jeugdspeler jezelf tussen al die grote sterren knokken, dan moest je van hele goeden huize komen. Als jeugdspeler van Feyenoord was Kraay jr. best goed. Maar 'best goed' was bij lange na niet voldoende om de overstap naar 'de overkant' te maken. Laat staan om net zo goed als Van Hanegem te worden. Het was precies zoals zijn vader het altijd tegen hem zei: 'Hans, jij wordt nooit een grote, wel een nuttige. Maar je zult er keihard voor moeten werken.'

En dat deed Kraay jr. dan ook, net zoals zijn vader dat vroeger had gedaan. Hoe vaak had kleine Hans tijdens de zomervakanties in Oostenrijk hem niet de bergen op en neer zien sprinten? En hoe vaak had hij in het zwembad niet de bal aan moeten gooien aan zijn vader? Cadeautjes kreeg je niet in het leven, was de boodschap die hij meekreeg van pa. Die moest je verdienen. Net als complimenten. 'In 48 jaar heb ik er precies twee gehad,' weet Kraay jr. 'En daarmee kan ik gerust 48 jaar vooruit.'

Dat Kraay jr. in 1978 via een omweg alsnog met Van Hanegem zou komen samen te spelen, was te danken aan George Kessler, een strenge, Duitse trainer die van de gebroeders Molenaar (de eigenaren van elektronicazaak Wastora en suikerooms van AZ'67) de opdracht had gekregen om van de provincieclub een kampioenselftal te maken. Kessler zag wel wat in de 17-jarige voorstopper, die goed kon koppen en een behoorlijke pass in zijn benen had. Niet voor het eerste elftal, maar voorlopig voor het C-team, zoals het tweede elftal in die tijd werd genoemd; de laatste stap naar de top.

Het kon volgens Kessler niet zo zijn dat Kraay jr. zijn school niet zou afmaken. Daarom had de Duitser hem direct meegenomen in zijn lichtblauwe Mercedes en was naar een schoolgebouw in Alkmaar gereden, waar tot verbazing van Kraay jr. geen fietsen in de fietsenstalling stonden, maar alleen auto's waren geparkeerd. Het bleek om de moederhavo te gaan, een deeltijdopleiding voor vrouwen die op latere leeftijd nog een inhaalslag wilden maken. Het waren de hoogtijdagen van de tweede feministische golf. Vrouwen konden meer dan alleen achter het aanrecht staan, was de boodschap. Dat statement was misschien nog wel belangrijker dan het diploma, want er waren uiteindelijk maar weinig vrouwen die van plan waren ook iets met het papiertje te gaan doen.

Voor Kraay jr. gold min of meer hetzelfde; het diploma kon

hem gestolen worden, al lag daar een andere reden aan ten grondslag. Hij wilde koste wat het kost slagen als profvoetballer om net zo goed als zijn vader te worden, zijn held, die hij als kleine jongen had zien schitteren in volle stadions. Op zich was er niets mis met die ambitie, maar wel voor een jongen van zeventien jaar. Hij zou juist alles moeten willen, behálve dezelfde kant als zijn vader opgaan. Maar waar andere jongens van zijn leeftijd dwarslagen en zich afzetten tegen hun vader, daar bleef Kraay jr. zijn vader als rolmodel en referentiekader beschouwen. En eigenlijk nog meer dan dat: hij adoreerde hem. 'Als hij van koeien had gehouden, dan had ik waarschijnlijk de beste boer van Nederland willen worden,' erkent Kraay jr., die zonder enige spijt concludeert: 'Ik heb mijn puberteit overgeslagen.'

In één opzicht was dat zeker níet het geval. Als 18-jarige was hij jong, gretig en nieuwsgierig naar wat het andere geslacht te bieden had. Een eigenschap waar hij nog heel lang 'last' van zou blijven houden en die hem, behalve een hoop lol, ook de nodige problemen zou opleveren. 'Ik weet niet wat dit voor school is, maar ik doe het,' jubelde Kraay jr. in de blauwe Mercedes van George Kessler. De trainer had er niet bij nagedacht of het nou wel zo verstandig was, een frisse, jonge knaap tussen al die getrouwde moeders. Hij stond er gewoonweg op dat Kraay jr. naar school zou gaan. En Kesslers wil was wet. Maar een succes zou die moederhavo nooit worden. Kraay jr. was vaker in het fietsenhok dan in het klaslokaal te vinden en kreeg zelfs nog verkering met een van die getrouwde vrouwen. Het havodiploma heeft hij nooit gehaald.

Veel beter ging het op het voetbalveld. Twee keer per week mochten een paar opvallende spelers van het C-team meetrainen met het eerste elftal, een soort stage. Ruiken aan het grote werk, zoals dat heette. En zo kon het gebeuren dat de droom van Hans Kraay jr. in de zomer van 1978 werkelijkheid werd: samenspelen met Willem van Hanegem, die charismatische man met zijn ongeëvenaarde humor. Het zou Hans Kraay jr. nog vies tegenvallen, maar dat wist hij toen nog niet.

2

De ontgroening

Waarin Hans Kraay jr. als 'zoon van' een aparte behandeling krijgt, door zijn jeugdidool wordt vernederd en via de laarsjes van Peter Arntz kennismaakt met het begrip 'voetbalhumor'.

En zo had AZ'67 in 1978 twee Kraays op de loonlijst staan. Kraay jr. als speler van het C-team, Kraay sr. als technisch manager, die in die jaren bouwde aan het elftal dat drie jaar later kampioen van Nederland zou worden. Veel last van zijn achternaam had junior niet. Alleen Van Hanegem was een meester in het sarren. Kraay jr. was wel het zoontje van de manager. Vader en zoon hadden daar zelf duidelijke afspraken met elkaar over gemaakt: op de club was Kraay sr. de technisch manager, thuis weer gewoon pa. Nóóit andersom.

Later, toen vader (trainer) en zoon (speler) bij Edmonton Drillers werkten, waagde Kraay jr. het eens om zijn vader in het bijzijn van de spelersgroep tegen te spreken. Hij kon meteen 'als een tuinkabouter' rondjes gaan lopen. Zo waren de verhoudingen direct voor iedereen duidelijk.

In interviews beweerde Kraay sr. altijd dat er thuis nooit over voetballen werd gepraat. Junior wist wel beter: er werd thuis áltijd over voetbal gepraat. Er was bijna geen vertrek in huis dat niet bezaaid lag met opstellingen en aantekeningen over trainingsvormen. De spaarzame keren dat het niet over voetbal ging, ging het over paarden: de passie van Hans' zus Nicolette.

Omdat de afstand tussen een speler van het C-team en een technisch manager betrekkelijk groot was, hoefde Kraay jr. zich nauwelijks te verantwoorden voor zijn achternaam. Als er in de kleedkamer van AZ al grapjes of opmerkingen werden gemaakt over Kraay sr., dan was zijn zoon niet iemand die dat 's avonds aan de eettafel ging doorvertellen. Maar ja, zijn achternaam kon Hans niet veranderen, hij bleef natuurlijk wel 'het zoontje van de manager'. De spelers van AZ waren er niet helemaal gerust op dat Kraay jr. zijn mond zou houden. Een nietsontziende ontgroening moest hem daarom duidelijk maken dat er een wereld *binnen* de kleedkamer bestond en een wereld *buiten* de kleedkamer.

Zodoende werd de eerste keer dat Kraay jr. zich bij de hoofdmacht voegde een memorabele ochtend. Hij kan zich de beelden meer dan dertig jaar na dato zo weer voor de geest halen. 'Na de warming-up riep Kessler: "Tweetallen, één bal." Iedereen stoof naar elkaar. De enige die overbleef was Van Hanegem. Kennelijk wist iedereen wat er zou gaan gebeuren, behalve ik. De oefening was heel simpel: speler A passt vanuit het midden naar de zijlijn, speler B gaat richting achterlijn en geeft een voorzet en speler A rondt af. Iedereen stond te wachten totdat ik aan de beurt was. Zij wisten: is die voorzet vijf centimeter te hoog of te laag, dan scheldt Willem hem de huid vol. Die spanning voelde ik wel. Ik kon maar aan één ding denken toen ik richting achterlijn liep: het móet goed zijn. Wat denk je? Precies op maat, die bal: een meter voor zijn linker, hij kon zo inschieten. Maar nee. Op het moment dat Willem de bal voor zijn voeten kreeg, deed hij een stap achteruit en riep voor iedereen hoorbaar: "Wat een waardeloze voorzet, je ziet toch wel dat ik hem op mijn hoofd wil?" Van Marwijk, Nygaard, Spelbos, allemaal stonden ze te grijnzen. Bij de tweede keer richtte ik de bal daarom op zijn hoofd. En ja hoor, panklaar, hij hoefde alleen nog maar te knikken. Maar nu bukte Willem. En weer ging hij uit zijn dak: "Je weet verdomme toch dat ik links ben?"'

Het werd, kortom, een ontgroening die Kraay nog lang zou heugen. Hoe hij de ballen op Van Hanegem ook gaf, nóóit was het goed. De jonge, aankomende prof voelde zich kleiner en kleiner worden en had zich die ochtend het liefst onder de grond willen verstoppen. Was dit nou waar hij altijd van gedroomd had, samen voetballen met zijn jeugdheld? In werkelijkheid voelde Van Hanegem wel degelijk genegenheid en waardering voor die jonge Kraay jr.; alleen hoorde dit kleineren bij de leerschool van profvoetballer. Het was hier per slot van rekening die moederhavo niet!

Twee dagen – en twee slapeloze nachten – later brak Kraay jr. door het pantser van die gesloten Van Hanegem. 'Ik zat bij het afsluitende partijtje gelukkig bij de ploeg met gele hesjes, niet bij de groene partij van Willem. Bij de eerste de beste mogelijkheid die ik kreeg, gaf ik Willem toch een rotschop. Het had helemaal verkeerd kunnen aflopen, met een zware blessure voor hem, maar gelukkig gebeurde er niets. Willem stond op, gaf geen krimp en ging verder. Vanaf dat moment was ik voor hem Hans in plaats van "die gozert" of "het zoontje van de manager".'

Behalve met ontgroenen kreeg Kraay jr. bij AZ ook voor het eerst te maken met de zogeheten voetbalhumor. Dat was vaak flauwe humor, die ten koste van iemand anders ging en als onderliggend doel had om de verhoudingen in een elftal scherp te krijgen. Net zoals dat in militaire dienst gebeurt. In de pikorde stond Peter Arntz nog niet zo hoog als Willem van Hanegem. Toch probeerde Arntz zijn beroemde ploeggenoot in een volle kleedkamer voor schut te zetten. Kraay jr. herinnert zich de verjaardag van Peter Arntz. 'Hij trakteerde op gebak en Willem stond onder de douche. In een volle kleedkamer zei Peter: jongens, let op. Hij trok de linkersok van Willem uit zijn schoen en deed daar een slagroomsoes in. Nou zat iedereen altijd al een beetje naar Willem te kijken, maar toen hij dit keer onder de douche vandaan kwam, werd het wel heel erg stil. Willem doet eerst zijn rechtersok aan, daarna zijn rechterschoen. Vervolgens zijn linkersok en toen dus met zijn voet in die linkerschoen. Ik heb nooit meer in mijn leven een soes zo hoog zien opspatten, Willem zat helemaal onder. Iedereen lag dubbel van het lachen en sloeg Arntz op zijn schouders. Hij had toch maar Willem van Hanegem in de maling durven nemen. Willem lachte niet, Willem baalde niet, Willem liet gewoon niks merken en stapte zo de kleedkamer uit. Bij elke stap die hij deed spatte de slagroom tot kniehoogte uit zijn schoenen, maar hij gaf geen krimp!'

De volgende dag wachtte iedereen bij AZ'67 op een wraakactie, maar die bleef merkwaardig genoeg uit. En ook de dagen erna gebeurde er niks. Pas een week later, op het moment dat iedereen het voorval alweer vergeten was, ging Van Hanegem een kwartier voor het einde van de training ineens naar binnen, zogenaamd met liesklachten maar in werkelijkheid met het plan voor de grote revanche. Als materiaalman, waarover hierna meer, was Kraay jr. al binnen. Hij zag hoe Van Hanegem na een bezoekje aan het toilet wat in de punt van het laarsje van Arntz rommelde. 'Toen Peter een tijdje later stond te douchen maakte Van Hanegem een rondje. "Jongens... zo heel even kijken als Peter zijn schoenen aantrekt!" waarschuwde hij. En dat deden we zeer aandachtig. Peter trok zijn hagelwitte sokken aan. En op het moment dat hij vol overtuiging zijn rechterlaars instapte spatte er van alles omhoog! Het leek wel een gierwagen! Toen de volledige kleedkamer in coma lag van het lachen liep Willem zonder een spier te vertrekken met zijn tas in de hand weg met de legendarische woorden: "En, lopen ze lekker die laarsjes, Peter?"'

3

De moeizame weg naar de top

Waarin Hans Kraay jr. moet solliciteren bij zijn trainer, het mooiste compliment uit zijn carrière krijgt en een trauma voor het leven oploopt.

'Gezocht: materiaalman. Belangstellenden kunnen zich melden bij AZ.'

Het was een niet alledaagse advertentie die in 1978 in de *Alkmaarsche Courant* stond. Trainer George Kessler kreeg dan ook een niet alledaagse sollicitant op bezoek: de jonge Hans Kraay jr. In plaats van serieus werk te maken van zijn studie aan de moederhavo, doodde hij, als speler van het C-team, zijn vrije tijd op de midgetgolfbaan in Alkmaar, samen met zijn vrienden Jan Luiben en Richard Groothuis. Best leuk, maar als je Kraay jr. diep in zijn hart keek, dan wilde hij veel liever hele dagen op de club zijn; beetje lachen met de jongens om flauwe grappen, de spanning rondom de wedstrijden voelen, het getik van de noppen op de vloer horen, kortom, zo dicht mogelijk bij het oog van de orkaan komen. De vrijgekomen vacature van de overleden materiaalman Andries gaf hem plotseling die kans. En dus klopte Kraay jr. de volgende dag een beetje beschroomd op de deur van George Kessler.

'Ja, binnen.'

'Dag trainer, ik kom solliciteren op de functie van materiaalman.'

Kessler, verbaasd: 'Maar Hans, jij bent toch contractspeler?'

'Nou en? Ik zou het een eer vinden om de schoenen van Willem van Hanegem te mogen schoonmaken.'

Twee minuten later was Kraay jr. tot zijn eigen verbazing aangenomen als materiaalman. Het was misschien een beetje raar, een jeugdspeler die zich opgaf voor al het schoonmaakwerk, maar praktisch was het natuurlijk wel. Hij moest 's middags toch al op de club zijn. In plaats van alleen op dinsdag- en donderdagochtend in de kleedkamer te zijn, mocht Kraay jr. nu hele dagen op de Alkmaarderhout rondlopen. En nog mooier: op zondagen mocht hij voortaan mee naar de wedstrijden.

Kraay jr. zou ook later als voetballer nooit moeite hebben met een dienende rol. Wat dat betreft was zijn baantje als materiaalman een voorbode voor zijn carrière. Met liefde liet hij de wc's glimmen, veegde hij de kleedkamer aan, maakte hij het doucheputje schoon en legde hij de shirts piekfijn gevouwen neer voor de spelers. Geen werkje was hem te min, zelfs het schoenenpoetsen niet.

Van Hanegem vond het wel mooi, zo'n ventje dat zijn neus niet ophaalde voor vieze werkjes. Alleen zei hij dat niet. 'De Kromme' was nu eenmaal geen man van veel woorden. Op een dag kwam hij met een stapel schoenendozen binnenlopen bij AZ. Het waren de nieuwste Adidas-modellen met een veter aan de achterkant. Met een genereus gebaar zette hij zijn oude schoenen voor de neus van Kraay jr. 'Hier Hanssie, voor jou.'

Typisch Van Hanegem. Dit was zijn manier om zijn waardering uit te spreken voor het werk van Kraay jr. als materiaalman en voor het feit dat hij niet had gezeurd bij zijn ontgroening. 'Ik heb wekenlang die schoenen van Willem gedragen, totdat ik met hem onder de douche stond en hij naar mijn blauwe tenen keek. "Wat is er aan de hand?" vroeg hij. Had ik niet durven vertellen dat ik eigenlijk maat 46 heb in plaats van die 42,5 van hem.'

De volgende dag stond maat 46 voor hem klaar.

Ook als voetballer zette Kraay jr. flinke stappen. Hij werd krachtiger in zijn kopduels, overtuigender in zijn passing en fysiek steeds sterker. Hij viel dusdanig op dat hij dankzij een blessure van Ronald Spelbos mocht debuteren in het eerste elftal. In een oefenwedstrijd weliswaar, maar de tegenstander was het beroemde Manchester City. De Alkmaarderhout was er voor volgestroomd. Bikkelharde duels vocht Kraay jr. die avond uit met de donkere, atletische spits van de Engelsen, Roger Palmer. Maar de jonge verdediger bleef overeind: ook deze test doorstond hij.

Na de wedstrijd, onder de douche, complimenteerde Van Hanegem Kraay jr. met zijn spel. 'Aardig gespeeld, Hanssie,' zei De Kromme. Kraay jr: 'Ik dacht nog: aardig gespeeld? Man, ik was beregoed, mag het niet een onsje meer zijn? Toen besefte ik nog niet dat ik zojuist het mooiste compliment uit mijn carrière had gekregen.'

Het was een kwestie van tijd dat Kraay jr., de voetballende materiaalman van AZ, ook zijn debuut in een officiële wedstrijd zou gaan maken. Op 9 november 1979, twee dagen voor AZ-Feyenoord, moest Kraay jr. zich bij George Kessler melden. De boodschap van de Duitser was kort en krachtig: 'Jij moet zondag Peter Houtman uitschakelen.'

Opgewonden reed Kraay jr. naar huis. Hij zag de krantenkoppen en het cijferklassement van *Voetbal International* al voor zich. 'Pa, het is zover, ik ga mijn debuut maken,' vertelde hij zijn vader vol trots. Senior keek echter bedenkelijk en zei alleen maar: 'Ik heb het gehoord, maar het gaat niet door. Wat denk je dat er gebeurt als het misgaat, wat denk je dan dat er geschreven wordt?' 'Terwijl ik ervan droomde om Houtman te slopen,

Kraay jr. over zijn vader: 'In 48 jaar heb ik twee complimenten van hem gehad. Daarmee kan ik gerust 48 jaar vooruit.' © *Pim Ras*

dacht mijn vader alleen maar: het wordt 0-2, twee keer Houtman. En ja, mijn vader was eindverantwoordelijk, niet Kessler. Ik hoefde niet eens te discussiëren. Het ging niet door. Punt.'

Die zondag zat Kraay jr. niet eens meer op de bank. Omdat hij nog wel materiaalman was, zat hij tijdens de wedstrijd in het materiaalhok. Gefrustreerd, boos en verdrietig. Boven zich hoorde hij de oe's en ah's van de tribune glijden, maar hij zat daar moederziel alleen te kniezen. In de rust zette hij in de kleedkamer de thee neer voor zijn ploeggenoten. Stilletjes maakte hij zich daarna uit de voeten, terug naar zijn materiaalhok. Alleen.

Na afloop fietste hij direct naar huis. Het waren de langste anderhalf uur van zijn leven. 'Achteraf denk ik: was ik toen maar wat meer geweest zoals ik nu ben. Dan had ik mijn vader tegengesproken. Pas tijdens de opnames van *Vaders & Zonen* van Hugo Borst heb ik mijn vader voor het eerst verteld hoezeer zijn beslissing mij dwars heeft gezeten. Hij zei toen: "Joh, overdrijf je niet een beetje?" Het is denk ik al met al heel simpel: Kraay jr. was klaar voor die wedstrijd, maar Kraay sr. nog niet. Het is daarmee misschien wel de belangrijkste wedstrijd uit mijn carrière geweest. Alleen jammer dat ik hem nooit heb kunnen spelen.'

4

Debuut bij een oudpapierploeg

Waarin Hans Kraay jr. Ton Pattinama als zwager krijgt, in de voetsporen van Johan Neeskens treedt en scheidsrechter Cees Bakker te lijf wil gaan.

Rijk zijn ze bij Excelsior nooit geweest. Inventief wél. Zo was het ook al in 1979, het jaar dat Hans Kraay jr. door de Kralingers transfervrij werd overgenomen van AZ. Het waren de jaren dat de post 'oud papier' steevast op de begroting stond bij de club, een idee van toenmalig voorzitter Henk van Zon. Op zijn initiatief gingen groepjes vrijwilligers met half versleten busjes op pad om op vaste adressen oude kranten op te halen. Soms ging Van Zon, als oud-voorzitter, zelf mee met de papierploeg. Daar voelde hij zich beslist niet te goed voor. Wie kapsones had, die moest niet op Woudestein zijn. Beroemd is de anekdote dat Van Zon op de Noorderhavenkade stuitte op een oude loods, waar in bundels verpakte kranten tot aan het plafond lagen opgestapeld. 'Bel de voorzitter maar,' riep hij uit, bij het zien van al dat oud papier. 'We gaan Cruijff kopen!'

Het inzamelen van oud papier was een serieuze aangelegenheid. De inkt van het contract met Kraay jr. was nog maar net droog of penningmeester Martin Borneman drukte de nieuwe speler op het hart dat het prettig zou zijn als hij ook een bijdrage kon leveren aan de inzamelingsacties. En ach, misschien dat de buren ook nog wat kranten over hadden. Hoezeer Kraay jr. probeerde zich er met een grapje vanaf te maken ('Ik woon in Alkmaar, penningmeester. Mag ik de *Alkmaarsche Courant* ook meenemen?'), in dat soort gevallen was Borneman niet te vermurwen: 'Ja hoor, die weegt toch net zoveel?' En zo kon het gebeuren dat Kraay jr. wekelijks de kofferbak van zijn witte Ford Granada volstouwde met oude kranten en daarmee naar Woudestein reed.

De inzamelingsactie leverde Excelsior behalve enkele duizenden guldens per jaar ook het sympathieke imago van 'oudpapierclub' op. Op die manier had de club van zijn zwakte zijn kracht gemaakt. Verloor Excelsior, dan was dat logisch, want met zo'n kleine begroting kon je toch niet verwachten dat de club zomaar even de punten bij elkaar zou schrapen? Maar won Excelsior – en dat gebeurde in het seizoen 1979/'80 aan de lopende band – dan ging het licht pas heel laat uit in de kantine.

Hans Kraay jr. had zich geen betere club kunnen wensen om zijn carrière te beginnen. Excelsior was, zoals *Voetbal International* het die dagen omschreef, een muis die brulde. Het was een bijzonder stel karakters, dat onder leiding van trainer Thijs Libregts na vier wedstrijden zelfs bovenaan in de eredivisie kwam te staan. Neem nou Cor Pot, een reservespeler die volgens zijn ploeggenoten zo vaak op de bank moest beginnen dat ze vreesden voor doorzakkingsverschijnselen. In zijn carrière, die achttien jaar duurde, zou Kraay geen speler meemaken die nog ijdeler was dan Pot. 'Sparta-uit, stromende regen. Het belletje voor de tweede helft ging, maar Cor was kwijt. Niemand kon hem vinden. Bleek dat hij zijn haar aan het föhnen was voor de tweede helft. Wat je ook van Cor kon zeggen, zijn haar zat altijd in model.'

En dan was er die getapte assistent-trainer Rob Jacobs, die

het begrip 'Rotterdamse bluf' zo ongeveer had uitgevonden. Jacobs was de meester van de peptalk en kon voetballers raken. Zo kon het gebeuren dat hij voor de uitwedstrijd tegen Feyenoord in De Kuip de tactische bespreking verzorgde en op een groot bord de opstelling van Feyenoord schreef met daarin ene 'Van Hanenchem'. Toen een speler voorzichtig vroeg of Jacobs misschien 'Van Hanegem' bedoelde, pareerde Jacobs: 'Weet ik veel hoe je die naam schrijft. Die *gozert* ken helemaal niks.' Ook al was het misschien een beetje simplistisch allemaal, het sloot naadloos aan bij het Rotterdamse karakter van de club: niet lullen, maar poetsen. En vooral niet te lang treuren. Kraay jr.: 'Als je op zondag met 5-1 had verloren, was het op maandag alweer zo gezellig dat je dacht dat je met 5-1 had gewonnen.'

In 1980 was Kraay nog geen jongen vol bravoure. Als beginnend prof die nog van alles te bewijzen had, prefereerde hij in die dagen de luwte. Bovendien was de oercynische Rotterdamse humor net weer even wat scherper dan in de kleedkamer in Alkmaar. De personificatie daarvan was misschien wel de in Crooswijk geboren Ton Pattinama. Die durfde zelfs na de zomervakantie met een stalen gezicht aan Joop van Daele te vragen – toch een speler met een wereldbeker en een UEFA Cup achter zijn naam – of hij, gezien zijn witte benen, misschien in een zak meel had liggen zonnen.

Gaandeweg het seizoen zagen Kraay jr. en Pattinama elkaar steeds vaker buiten het voetbal om. Om 'een videootje' te pakken bijvoorbeeld, bij voorkeur een gangsterfilm, of om te stappen in Bergen of Alkmaar, waar Kraay jr. destijds nog bij zijn ouders woonde. Mede dankzij Pattinama kwam hij wat meer los en ging hij zich, naar eigen zeggen, ook stoerig gedragen. Eén voorval zal Kraay jr. niet snel vergeten. 'Ik ging eens met Ton een filmpje halen toen we voor een rood stoplicht stonden. Naast ons stonden een paar van die opgewonden standjes. Het werd groen, maar Ton bleef stilstaan. Ik zeg nog: "Ton, het is groen hè?" Maar Ton deed niets. Die jongens begonnen ook te toeteren. Eentje riep: "Klootzak, je gaat eraan," en toen was het mis. Ton stapte uit zijn auto, pakte uit de kofferbak een groot, zwart waterpistool, dat eruitzag als een Colt .45. Hij richtte dat op die jongens en zei: "Wie gaat er hier aan?" Die jongens hadden het niet meer. "Sorry meneer," hoorde ik ze stotteren. Waarop Ton zei: "Je bedoelt: Sorry meneer Pattinama." Ton was werkelijk voor de duvel nog niet bang.'

Regelmatig bleef Pattinama bij de familie Kraay slapen. Het kon niet uitblijven dat Pattinama op een ochtend niet naast Hans wakker werd, maar naast diens zus. Hun verkering zou vier jaar duren. Uit die periode herinnert Kraay jr. zich vooral zijn twee honden van het ras bobtail. 'Dat zijn van die reuzeschapen, die al hun haren verliezen. Nou konden mijn vader en moeder nog geen goudvis verdragen, laat staan zo'n bobtail. En tekeer dat die beesten gingen. Ton was soms hele weekenden weg om te voetballen, dan kreeg mijn zus die honden. Wat we ook riepen, het woord "zit" kenden ze niet. Een drama voor mijn ouders, die bobtails.'

In die harde voetbalwereld was Kraay jr. als twintigjarige nog zoekende naar zijn identiteit. Soms sprak hij met Karel Bouwens, die qua karakter de tegenpool was van Pattinama. Bouwens studeerde naast het voetbal, las boeken, bezocht filmhuizen en gold daardoor als een buitenbeentje. Was Pattinama de Doener, dan was Bouwens de Denker. 'En ik zat daar een beetje tussenin,' aldus Kraay jr.

Bouwens zou de enige speler zijn met wie hij in zijn carrière meer sprak tijdens de training dan daarbuiten. Kraay jr.: 'Dat kwam doordat we elke woensdag een rondje om het Kralingse Bos moesten lopen. Karel en ik liepen altijd om de eerste plaats. Onderweg waren we dan gezellig aan het praten. Ik heb veertig weken 7,5 kilometer met hem gepraat, dat is geloof ik bijna driehonderd kilometer. En nooit over voetbal. Hij dacht er al over na wat hij na het voetbal zou gaan doen. Hij zei altijd: niemand van deze jongens wordt rijk hoor, je moet er wel wat naast doen.' Mede door de adviezen van Bouwens besloot Kraay jr. in die periode de journalistiek te gaan verkennen, als columnist voor een zondagskrant met verschillende regionale edities.

Op het middenveld van Excelsior toonde Kraay jr. in zijn debuutjaar in het betaalde voetbal al snel zijn meerwaarde. Zijn zelfvertrouwen groeide daardoor met de dag. Boven een interview met het *Utrechts Nieuwsblad* stond in die dagen in koeienletters: 'Voor Hans Kraay jr. is Excelsior een tussenstation'. In het Zilveren Schoen Klassement, van 'de belofte van het jaar', nam Kraay jr. een vierde plaats in, achter Petur Petursson, Michel Valke en Romeo Zondervan. Verder werd hij opgeroepen voor Jong Oranje en als bekroning voor zijn vlotte start in het betaalde voetbal benaderde Kees Rijvers hem ook nog eens voor PSV, dat volgens de coach een type Neeskens zocht. Een 'type Neeskens', ja, dat wilde Kraay jr. wel zijn.

Misschien ging het allemaal iets té snel, iets té voortvarend. Want zo snel als de voorspoed kwam, zo snel maakte die plaats voor rampspoed: Rijvers werd ontslagen, de transfer naar PSV ging niet door en ook door zijn debuut voor Jong Oranje ging een streep, nadat hij in de wedstrijd Excelsior-FC Twente, voor de eerste keer – en niet voor de laatste keer in zijn loopbaan – een rode kaart kreeg voorgehouden. In die tijd telde een schorsing óók voor een vertegenwoordigend elftal. Kraay jr. kon die scheidsrechter Cees Bakker wel aanvliegen, zo gefrustreerd was hij. Ton Pattinama herkende echter het vuur in de ogen van zijn zwager en hoekte hem in één klap neer. Hij voorkwam daarmee een hoop ellende.

5

Omgaan met vedetten (1): George Best

Waarin Hans Kraay jr. door twintig cheerleaders wordt opgewacht in San Jose, de beroemdste alcoholist van Californië ontmoet en een onverwachte salarisverhoging krijgt.

Een buitenlands avontuur is meestal iets waar een voetballer zijn carrière mee eindigt. Maar Hans Kraay jr. niet. Die begón ermee. Verdeeld over drie zomers speelde hij voor Edmonton Drillers (1979, al snel na zijn niet-debuut bij AZ), San Jose Earthquakes (1980, tijdens zijn contractperiode bij Excelsior) en de Edmonton Eagles (1983, als speler van NAC).

Van periodisering of arbeid-rust-verhouding had nog niemand gehoord in het begin van de jaren tachtig. Het waren de jaren waarin Nederlandse voetbalprofs direct, of soms zelfs tijdens de competitie in de eredivisie, doorreisden naar Amerika om daar in de North American Soccer League (NASL) te gaan spelen. Die competitie was opgestart door Europese immigranten om het voetbal in Amerika van de grond te krijgen. Een hopeloze missie, want die rare Amerikanen snapten niets van voetbal. Wat was er nou leuk aan een wedstrijd waarin soms helemaal niet wordt gescoord? En hoe bestond het dat een duel gelijk kon eindigen?

Het was de Europese vedetten, die vaak in hun nadagen in Amerika neerstreken, allemaal een zorg dat ze op dat rare kunstgras moesten spelen en dat ze bij een gelijke stand geacht werden om shoot-outs te nemen. De kwaliteit in de NASL was weliswaar matig en het tempo laag, maar de dollarkoers gelukkig ook. Ze genoten volop van het mooie weer, de beeldschone cheerleaders en de gratis reizen kriskras door de States. Wat maakten die paar rare shoot-outs dan nog uit?

Het was precies dát avontuur dat Kraay jr. als een magneet naar Amerika deed trekken. Dus lang hoefde hij niet na te denken toen Milan Mandaric, eigenaar van San Jose Earthquakes, op 11 mei 1980 – de avond na de laatste competitiewedstrijd van Excelsior tegen Ajax – aan de lijn hing om te vragen of hij zin had in een nieuw Amerikaans avontuur. Dat had Kraay jr. zeker. Een jaar eerder was hij samen met zijn vader verhuisd naar Edmonton in Canada en dat was uitstekend bevallen. Nieuwe ronde, nieuwe kansen. De volgende morgen al werd hij om acht uur op Schiphol verwacht.

Aan het einde van het gesprek wilde Kraay jr. nog één ding weten: of er misschien nog andere buitenlanders bij San Jose gingen voetballen. Het antwoord van Mandaric had Kraay jr. doen duizelen: 'Ja, George Best.'

De volgende morgen zocht Kraay jr. zijn plek in het grote, oranje vliegtuig van Canadian Pacific. Hij bleek niet de enige Nederlander te zijn die voor San Jose zou gaan voetballen. Achter in het toestel zag hij Guus Hiddink zwaaien en wijzen op een lege stoel naast hem. 'Zo Hans, lekker uitwaaien in Californië?' vroeg Hiddink aan Kraay jr., die verbaasd reageerde: 'Nee Guus, ik ga voetballen bij de San Jose Earthquakes.' De middenvelder van NEC moest lachen. Ook hij was de dag ervoor gebeld. Maar met zijn 34 jaar was Hiddink een stuk geslepener geweest dan Kraay jr., die desnoods geld had willen bijleggen om met George Best te kunnen samenspelen. Voor een paar maanden voetballen incasseerde Hiddink meer dan een ton op zijn bankrekening, ongeveer het tienvoudige van wat Kraay jr. had bedongen. Hem restte niets anders dan zich sportief op te stellen. 'Geeft niks, ik ga gewoon de ballen bij jou inleveren, Guus.'

Op de heenweg naar San Jose deden ze bijna geen oog dicht. Kraay jr. raakte niet uitgepraat over George Best. Hiddink verheugde zich vooral op de ontmoeting met diens vrouw, het Britse fotomodel Angela MacDonald.

Tot hun grote verrassing werden de Nederlanders op het vliegveld van San Jose opgewacht door een groep van twintig cheerleaders. Kraay jr.: 'Guus was 34, niet de soepelste meer, maar ik zag hem daar op zijn ouwe dag toch slalommend door die meiden heen gaan, prachtig. Ik dacht: van die Guus kunnen we nog heel wat verwachten, hier bij San Jose.' De club had speciaal voor Kraay jr. en Hiddink een Chevrolet Caprice klaar staan op het vliegveld. Met het raampje open en de volumeknop volledig naar rechts gedraaid reden de Nederlanders naar hun appartement, recht het Amerikaanse avontuur tegemoet.

Hiddink leidde de dans, Kraay jr. volgde. Zo was de rolverdeling tussen de twee, die maanden in San Jose. Hiddink was de routinier, die zich in de nadagen van zijn carrière niet meer zo druk maakte om het sportieve deel van de trip. Het was in deze tijd dat de kosmopoliet in Hiddink werd aangewakkerd. Urenlang kon hij op Fishermans Wharf in San Francisco naar mensen kijken of doelloos over de Highway 1 rijden.

Dat vond de druistige Kraay jr. maar niks. Die stond pas aan het begin van zijn loopbaan en wilde zich elke dag verbeteren. Het verbaasde Hiddink dan ook niet dat Kraay jr. hyperventilerend achter het stuur van de Chevrolet Caprice zat, op weg naar de eerste training met Best, een levende legende.

George Best was in de zomer van 1980 34 jaar en allang op zijn retour. Hij was overgekomen van Hibernian, een van de vele kleinere clubs op zijn zwerftocht langs Engelse en Schotse velden. In weinig deed Best in 1980 nog denken aan de man die twaalf jaar eerder met Manchester United de Europacup 1 had gewonnen en tot Europees voetballer van het jaar was gekroond. De verhalen die uit Amerika Nederland binnensijpelden, deden het ergste vrezen: de man met het gouden linkerbeen zou een drankorgel op noppen zijn, zo luidden die berichten.

Met díe George Best mocht Kraay jr. dus gaan samenspelen. Nieuwsgierig opende hij de deur van de kleedkamer van San Jose Earthquakes. Direct schoten zijn ogen alle kanten op, waar zat-ie? Het duurde even voordat hij Best had gevonden, omdat hij veel kleiner was dan Kraay jr. had verwacht. 'Hij gaf een hand, maar keek me niet eens aan,' herinnert Kraay jr. zich. 'Best was eigenlijk een hele schuchtere man. Maar veel aantrekkelijker dan ik ooit had kunnen denken. Alles zat mooi bij hem: zijn haar, zijn schoenen, zijn shirt. In één klap besefte ik dat al die verhalen over zijn playboyleven wel waar moesten zijn.'

Die verhalen logen er niet om. Op het hoogtepunt van zijn roem had Best naar verluidt duizend brieven per dag ontvangen en Manchester United had maar liefst drie personeelsleden nodig gehad om al die fanmail te kunnen verwerken. Best was de eerste voetballer geweest die een popstatus had bereikt, niet voor niets luidde zijn bijnaam 'de vijfde Beatle'. Met zijn lange haren en grote bakkebaarden was de Noord-Ier de stijlicoon van zijn tijd, zoals Beckham dat aan het begin van deze eeuw was. De hang van Best naar drank en vrouwen was gaandeweg zijn carrière zijn voetbaltalenten steeds meer gaan overschaduwen. In 1969 had hij het drinken en vrouwen versieren al proberen op te geven. Tevergeefs. Het waren de ergste twintig minuten in zijn leven geweest, zo verklaarde hij later.

In 1980 was George Best verslaafd aan sherry, whisky, champagne en vooral witte wijn. De voetballer was daarmee veruit de beroemdste alcoholist van Californië. In de eerste dagen bij San Jose Earthquakes merkte Kraay jr. echter niets aan hem. Sterker nog: Best was 'droog', zoals dat in voetbaltermen heette: geen grammetje vet. Op de eerste training werd Kraay jr. bij een afwerkoefening ingedeeld bij zijn idool, die hij vanaf de flank moest bedienen met voorzetten. 'Ik kreeg weer datzelfde gevoel als met Van Hanegem. Alsof ik een examen moest afleggen. Mijn eerste voorzet kwam precies voor zijn voeten. Maar ook nu gebeurde weer iets vreemds. Hij werkte de bal niet gewoon binnen, nee, hij draaide zich om en schoot de bal zo met zijn hak de kruising in. Iedereen stond met open mond te kijken. En zo ging dat nog vijf, zes keer. Onnavolgbaar.'

Kraay jr. was nog meer onder de indruk van Best dan hij van tevoren had kunnen denken. 'Op de terugweg naar ons appartement kwamen Guus en ik woorden tekort om de exceptionele kwaliteiten van Best te beschrijven. We zeiden alleen maar tegen elkaar: "Jezus, wat is die man goed! Dat we dit van dichtbij hebben mogen zien!"'

Andersom was Best nou niet bepaald onder de indruk geraakt van Kraay jr. Sterker nog, Best had geen idee hoe die jonge Nederlander eigenlijk heette en sprak hem die eerste dagen constant met 'you' aan. 'You,' zei Best daarom een dag voor de eerste competitiewedstrijd tegen Edmonton Drillers tegen Kraay jr., 'you play tomorrow on the left side of the midfield.' Kraay jr. sputterde nog tegen dat trainer Bill Foulkes – een van de overlevenden van de vliegramp met Manchester United – andere plannen met hem had, maar Best was onverbiddelijk. Er was er maar één de baas en dat was Best. 'Jij pakt de bal af en die geef je aan mij, begrepen?'

Kraay jr. gehoorzaamde gedwee. Uiteraard, een levende legende sprak je niet tegen. Aan het einde van de maand zag Kraay jr. tot zijn eigen verbazing dat zijn salaris was verdubbeld. Toen hij Best daarna weer op de training zag, bleek hoe dat kwam. 'It's for you,' knipoogde de Noord-Ier.

6

Avontuur over de grens (1): Amerika

Waarin Hans Kraay jr. samen met zijn ploegmaat Guus Hiddink bijna verongelukt, een aardbeving in Portland overleeft en kennismaakt met modellen in de bus.

In de zomer van 1980 ontsnapten Hans Kraay jr. en Guus Hiddink ternauwernood aan de dood. Het was voor het eerst dat Kraay jr., twintig jaar pas en nog niet zo lang de bezitter van een rijbewijs, een automaat bestuurde. Na de eerste competitiewedstrijd, die San Jose afgetekend won van Edmonton Drillers, kocht Hiddink een krant bij een van de verkopers langs de weg. Hij gaf de verkoper een dollar, sloeg gretig de krant open en zag zichzelf op een grote foto terug op de sportpagina's, samen met George Best. Kraay jr.: 'Terwijl Guus de krant las en ik stiekem meekeek of ik er misschien ook nog in stond, ging mijn voet van het rempedaal af. Ik wist niet dat die auto dan vanzelf doorliep, waardoor ik ongemerkt door een rood stoplicht ging.'

Wat volgde was één grote explosie. De automobilist van links knalde met een noodgang tegen de voorkant van de Chevrolet en kwam ondersteboven aan de andere kant van de weghelft weer op het wegdek terecht. Het was een ravage: piepende remmen, gillende mensen en overal brokstukken van de Chevrolet. De bestuurder van de andere auto mankeerde niets. Dat was een geluk bij een ongeluk voor Kraay jr. en Hiddink, die verschrikt om zich heen keken, maar tot hun opluchting nergens bloed of gewonden zagen liggen. De twee werden meegenomen naar het politiebureau voor een alcoholtest en stonden een paar uur later nog beduusd weer op straat. Ze waren met de schrik vrijgekomen, maar met een beetje meer pech had het ongeluk verschrikkelijke gevolgen kunnen hebben. 'Als ik Guus later op televisie voorbij zag komen bij een belangrijke wedstrijd, moest ik nog weleens aan die dag terugdenken. We hebben toen ontzettende mazzel gehad. Als ik een paar seconden eerder het rempedaal had losgelaten, was Guus nooit bondscoach van Nederland, Zuid-Korea en Rusland geweest.'

Ook in sportief opzicht had het ongeluk geen gevolgen. De twee Nederlanders waren er gewoon weer bij tijdens de tweede wedstrijd van San Jose Earthquakes tegen Fort Lauderdale. De club was de vorige Amerikaanse werkgever van Best geweest. Ook in Amerika was de Noord-Ier nog steeds ongekend populair, vooral bij het vrouwelijk deel van de bevolking. Aangekomen op de luchthaven van Miami, kreeg Kraay jr. zelfs het gevoel dat hij meespeelde in een Beatles-film. Overal waar Best liep, gilden de vrouwen. Door de ramen van de spelersbus zag Hiddink ze in rijen opgesteld voor de ingang van het hotel. '"Er zal voor ons toch ook wel wat overblijven?" vroeg Guus aan mij. Best had precies door waar we het over hadden. Dus wat deed hij? Hij liep door die haag van meiden en wees met zijn vinger: "You, you and you can come with me." En tegen de lelijkste zei hij, wijzend naar Hiddink: "And you go to Guus."'

Het was humor met een verborgen boodschap, want ook George Best bleek maar een mens van vlees en bloed te zijn. Het irriteerde hem dat Kraay jr. de ballen niet alleen bij hem inleverde, maar ook bij zijn vriend Guus Hiddink. 'Hij zei tegen mij: "Hé you, ik snap best dat jullie vrienden zijn, maar zullen we het 50-50 gaan doen? Sometimes you pass the ball to me, sometimes to the guy with the moustache." En zo geschiedde.'

In de NASL speelden meer Nederlanders. Bij elke ploeg stond er wel eentje onder contract, dus was het elke week een weerzien van oude bekenden. Bij Fort Lauderdale Strikers speelde Koos Waslander, ofwel 'Rooie Koos' vanwege de kleur van zijn haardos. Kraay jr. speelde met Waslander samen bij Excelsior, nu troffen ze elkaar in de hitte van Florida. 'Koos had het bij 14 graden al benauwd en bij 18 graden belde hij het KNMI op om te vragen hoe lang de hittegolf nog zou duren. Kortom, hij kon slecht tegen warmte. Dat was niet handig als je bij Fort Lauderdale onder contract stond. Toen we het vliegtuig uitkwamen, was ik onder aan de trap al drijfnat. Het was tegen de veertig graden en die wedstrijd tegen de Strikers werd om twee uur 's middags gespeeld. Ik zei: "Koos, heb je het hier eigenlijk een beetje naar je zin?" Maar Koos pufte alleen maar: "Teringheet hier Hans, tering, wat heet hier," want Koos kon nogal vloeken. Ik vroeg hem: "Maar hoe doe je het hier dan?" "Let maar op," zei hij, "dat zie je straks wel." Bleek dat Koos acht emmers water aan de ene kant van het veld had laten zetten, en acht aan de andere kant. Na het eerste kopduel rende hij als een gek naar de kant, pakte zo'n emmer beet en stak zo zijn kop onder water. Zo ging dat de hele wedstrijd door. We verloren die middag ruim, maar ik denk dat Koos daar weinig van heeft meegekregen. Die zat de helft van de tijd onder water.'

Het waren niet alleen dit soort verhalen die van Amerika één groot avontuur maakten. In de paar maanden in de States vloog Kraay jr. meer dan hij tot dan toe in zijn hele leven had gedaan. Het tempo van de NASL was moordend. Drie wedstrijden in negen dagen waren eerder regel dan uitzondering: drie keer uit en drie keer thuis. Het ging van Washington naar New York en van New York naar Tampa Bay.

Ondertussen kreeg Kraay jr. steeds beter contact met die stugge, haast verlegen Noord-Ier. Bijna dagelijks haalde Kraay jr. de vuile was op bij Best. Net als op het veld was hij daarbuiten óók een waterdrager. Vond Kraay jr. helemaal niet erg. Het was zijn manier om dichter bij het mysterie Best te komen. 'De hele wereld wilde bij George Best over de vloer komen en ik liep daar maar mooi. Hij zag wel wat in mij. Ik was te bleu om achter zijn vrouw aan te zitten en leverde op het veld alle ballen bij hem in. Dat vond hij wel leuk, geloof ik. Ik was geen gevaar voor hem.'

Waar Kraay jr. trainde om beter te worden, daar trainde Best om slank te blijven, voor de vrouwen. Elke dag na de training – die van negen tot elf uur 's ochtends duurde – nodigde Best zijn Nederlandse ploeggenoot uit om een glas cola te komen drinken, waarna ze richting sporthal gingen om een half uur te squashen. Tijdens die partijtjes zag Kraay jr. dat Best met een vuilniszak onder zijn shirt speelde. Hij wilde zo slank mogelijk blijven. Dat lukte. George Best was in topvorm.

Kraay jr. snapte er niks van. Hoe zat het dan met al die verhalen over zijn obsessieve drankgebruik? Zou het dan toch waar zijn wat Best ooit over de berichtgeving over zijn persoon had gezegd? 'Als al die verhalen over mij waar zouden zijn, dan was ik Superman: iemand die op zes verschillende momenten op zes verschillende plaatsen kon zijn.'

Best had naar eigen zeggen vier keer het bed gedeeld met een Miss World. In een van zijn biografieën verklaarde hij: 'Ik zou moeilijk kunnen kiezen tussen het maken van een winnende goal tegen Liverpool of een nacht doorbrengen met Miss Universe. Gelukkig hoefde ik niet te kiezen, want beide is me gelukt.'

Kraay jr. kende die anekdote ook. 'We hadden hele grote kleedkamers en een hele grote doucheruimte, maar het kon niet uitblijven dat Guus en ik een keer stonden te douchen met Best tussen ons in. Hij was de man van de vier Miss Worlds in zijn bed. Dan ben je toch benieuwd hoe dat kan. Dus op het moment dat hij de shampoo in zijn haren wreef en zijn ogen dichtdeed, gingen onze ogen richting heuphoogte van Best. Guus sprak toen de legendarische woorden: "Nou Hans, ik hoop dat hij er trucjes mee kan, want dit is niet erg indrukwekkend allemaal."'

Tja, de vrouwen. Elke wedstrijd werden de spelers van San Jose Earthquakes begeleid door een groep beeldschone cheerleaders in minirokjes, en elke wedstrijd eindigde met een heuse afterparty. Dat was natuurlijk vragen om problemen. De spelers hadden echter een clausule in hun contract moeten ondertekenen waarin ze verklaarden met hun handen af te blijven van hun eigen cheerleaders. En hoe moeilijk dat soms ook was, iedereen hield zich daaraan; niemand wilde immers naar huis worden gestuurd. Bovendien was Hiddink geslepen. Die clausule van die cheerleaders betrof alleen de eigen cheerleaders, had hij ontdekt. Over die van de tegenstander werd in het contract met geen woord gerept.

Ze hadden de tijd van hun leven in Amerika, die twee ondeugende Nederlanders van San Jose Earthquakes. Elke wedstrijd begon met het Amerikaanse volkslied, live gezongen door een zangeres. Bovendien gold het Spartan Stadium van San Jose Earthquakes als een van de gezelligste van alle clubs uit de NASL. Het publiek zat zo dicht op de zijlijn geplakt dat ze de stok van de grensrechter konden afpakken als ze dat wilden.

Aan de korte zijde van het veld waren de kleedkamers op een heuvel gebouwd. Aan het begin van de wedstrijden werden de spelers één voor één naar de middencirkel geroepen. Kraay jr.

wist niet wat hij meemaakte. Uit de luidsprekers schalde: ‘Number six, the versatile Dutchman, Hans Kraay.’ Alsof hij geen noeste middenvelder van Excelsior was, maar een grote ster uit Europa. En daar ging hij dan, zwaaiend door een haag van cheerleaders vanaf de heuvel naar beneden het veld op. Na een van zijn eerste wedstrijden werd Kraay jr. zelfs uitgeroepen tot ‘Man of the Match’. Hij ontving na afloop een grote plaquette met daarop zijn naam, de wedstrijd en de datum. Het voelde alsof hij een lintje van de koningin kreeg.

Voetballen met George Best en er nog voor betaald krijgen ook; het was één groot feest. En die verhalen over Best? Onzin! Maar een paar weken later moest Kraay jr. daarop terugkomen. Met eigen ogen zag hij hoe zijn grote voorbeeld in een paar uur van een grote wereldster transformeerde tot een zielige alcoholist. ‘We hadden gespeeld tegen Portland, anderhalf uur vliegen van San Jose. Na afloop van die wedstrijd zitten we in de kleedkamer en opeens begon alles te schudden. Het duurde heel kort, een trilling, alsof de muziek ergens te hard aan stond. Meer was het niet. Niemand raakte ook in paniek. Maar buiten was alles met een laag stof van vier, vijf centimeter bedekt. Gebouwen, auto’s, alles. Bleek het een aardbeving te zijn geweest. Het gevolg was dat er drie dagen geen vluchten meer vertrokken vanaf het vliegveld, terwijl we drie dagen later weer moesten spelen tegen de San Diego Soccers van Hugo Sanchez. De clubleiding regelde toen een vip-bus voor ons om mee terug te gaan. Ik keek mijn ogen uit. Ik wist tot dan toe dat je stewardessen in de lucht had, maar je had ze dus ook over de weg. Leren fauteuils, menukaarten, serveersters in korte rokjes. Het waren net een soort modellen die over een catwalk liepen.’

Kraay zat naast Hiddink. Best zat twee rijen voor hen. Alleen, zoals altijd. ‘En toen begon het. Eerst met een witte wijn. Die ging zo, in één klok, achterover. En toen nog één. En nog één. Glazen werden flessen. Langzaam maar gestaag werd hij dronken. We zagen het gebeuren en stonden machteloos. Ik zei nog tegen Guus: "Moeten we niks doen?" Maar ja, wat? Zeggen tegen een verslaafde dat het niet verstandig is om te drinken? Na tien uur had hij twaalf flessen wijn op en zag zijn gezicht eruit als een skippybal. Best was daarna een week spoorloos. Bleek hij naar zijn kroeg Blondes in L.A. te zijn gegaan. Brunettes waren daar verboden. Na een week kwam hij terug, zeven kilo zwaarder. Hij ging iedereen langs om een hand te geven en sorry te zeggen. "George is back," zei hij alleen maar. Dan ging het weer vijf weken goed, tot de volgende inzinking. Ik heb twee keer gezien dat hij zo dronken was dat hij niet meer wist waar hij was. Zijn vrouw Angela had hem prima in de greep. Ze gaf Best pilletjes, die hem in combinatie met alcohol zo misselijk maakten dat hij het drinken wel liet. Als zij bij hem was ging het goed, maar het ging mis bij uitduels als zij er niet was en de verveling toesloeg. Dan had hij niet genoeg afleiding meer om niet aan drank te denken.'

Tussen de drankgelagen door excelleerde Best. Het hoogtepunt was de wedstrijd tegen Dallas Tornado, in het eigen Spartan Stadium. 'Hun rechtsback was Flemming Lund, een Deen die ook bij FC Antwerp had gespeeld. Die arme jongen had de opdracht gekregen om Best te schaduwen. Het werd een vernedering in de beste wedstrijd van Best ooit die ik met eigen ogen heb gezien. Hij speelde Lund door de benen, ging weer terug en poortte hem dan nog een keer. Die wedstrijd eindigde in 4-1, vier keer George Best. Voor Lund was die middag een nachtmerrie. Tachtig minuten lang had hij aan het shirt van Best zitten trekken en toen was Best het zat. Hij ging op de bal staan, trok zijn shirt uit, gaf dat aan Lund. In zijn blote bast maakte Best de aanval af. Vernederender kon niet.'

Kraay jr. was geen Best. Helaas voor de Nederlandse middenvelder vergat hij dat één keer, in de thuiswedstrijd tegen Rochester. Het liep meteen slecht af. 'Ik dacht: laat ik dat ook eens doen, zo'n driedubbele schaar. We stonden 3-0 voor. Ik met links over de bal, dat ging nog goed. Toen met rechts en op dat moment voelde het alsof mijn knie in mijn achillespees zakte. Ik heb met mijn stomme kop nog een paar wedstrijden doorgespeeld. Foulkes stond onder druk, die pushte me om door te gaan. En ik maar luisteren naar die man. Liters vocht werden er uit mijn knie afgetapt en ik ben twee weken in het gips gezet. Totdat het echt niet meer ging. Ik had al twee seizoenen achter elkaar doorgespeeld. Tweeëndertig duels in Nederland, daarna een competitie in Amerika. Het kon niet anders of het moest een keer misgaan.'

7

De wanhoop van blessureleed

Waarin Hans Kraay jr. een belangrijke levensles leert, een kans krijgt van een oude bekende en in een rolstoel terecht dreigt te komen.

In het Sint Franciscus Ziekenhuis in Rotterdam constateerde Excelsior-clubarts Van den Bosch dat Hans Kraay jr. zijn kruisbanden had gescheurd, een domper op het avontuur in Amerika. Maar het échte onheil moest voor Kraay jr. toen nog komen. Dat kwam in de vierde competitiewedstrijd van het nieuwe seizoen, toen Willem II-verdediger Jan van Gestel veel te grof kwam inglijden op zijn standbeen. Op de tribune hoorden vader en moeder Kraay de botten van hun zoon kraken, zo hard was de overtreding. Kermend van de pijn werd Kraay jr. door dokter Cees van den Bosch en masseur Toon IJzerdoorn van het veld gedragen. Nog dezelfde avond in het ziekenhuis stelde Van den Bosch de diagnose: linkerscheen- en -kuitbeen gebroken. 'Op dat moment was het klaar met mijn carrière,' zegt Kraay jr. 'En het zou nooit meer écht goed komen.'

Na de aanslag van Jan van Gestel van Willem II bleef Hans Kraay jr. in 1980 bijna elke dag van Alkmaar naar Rotterdam-Kralingen reizen. Zijn linkerbeen zat van knie tot enkel in het gips, maar speciaal voor de ritjes naar Excelsior had hij een Opel Manta automaat gekocht. Training kijken, hapje mee-eten met de jongens en daarna weer terug naar huis. Gewoon, om erbij te blijven horen. En om de verveling tegen te gaan, want van hele dagen thuis zitten werd hij geen vrolijk mens. Maar als Kraay jr. eerlijk was, waren het zinloze bezoekjes aan Woudestein. Niemand keek naar hem om. Het was in deze periode dat hij een harde les leerde: wie geblesseerd of geschorst is, telt niet mee in de voetbalwereld.

Van Jan van Gestel hoorde hij niets meer, maar Kraay jr. kon er niet mee zitten. Zelfs toen Kraay jr. jaren later bij Eindhoven ploeggenoot werd van Van Gestel hebben ze het nooit meer over die bewuste zondagmiddag gehad. 'Hij heeft veel kapotgemaakt. Door die overtreding is mijn carrière naar de klote gegaan, maar ik weet zeker dat Jan dat niet beseft. Dat kan ook niet. Als hij mij zag, zag hij gewoon Hans Kraay jr. Hij heeft mij nooit gebukt zien gaan onder die blessure.'

De medische wetenschap was in 1980 nog niet zo ver dat Kraay jr. snel zou herstellen. Excelsior was bovendien geen rijke club. In de piepkleine medische ruimte van de club paste net een massagetafel. De revalidatie kwam vooral op Kraay jr. zelf neer. Gelukkig was zijn vader afgestudeerd als fysiotherapeut. Samen gingen ze regelmatig naar het strand bij Egmond aan Zee: oefeningen doen, joggen in het mulle zand. Kraay sr. gaf zijn zoon het advies om zijn spieren sterker te maken, zodat het gewricht voortaan wat makkelijker de klappen zou kunnen opvangen. Bijvoorbeeld door op de trap te gaan staan en zichzelf omhoog te duwen, waarmee zijn bovenbeenspieren sterker werden. Dat advies was niet tegen dovemansoren gezegd. Er waren dagen bij dat Kraay jr. wel vierhonderd keer thuis bezig was op de trap met die bovenbeenspieroefening, zo vastberaden was hij om snel terug te keren.

Dat zou niet gebeuren bij Excelsior. Kraay jr. had al bijna een jaar niet gespeeld en kreeg geen nieuw contract aangeboden. De zoektocht naar een andere werkgever was niet makkelijk. Als hij al ergens op gesprek mocht komen, dan zou zijn manke tred direct verraden dat hij nog verre van fit was. Er was één geluk voor Kraay jr., en dat was dat zijn oude trainer van de C-jeugd bij AZ'67, Hans van Doorneveld, hem niet was vergeten. Van Doorneveld was trainer geworden van Haarlem en durfde Kraay jr. nog wel een kans te geven.

Om de mogelijkheid van een nieuwe blessure zo veel mogelijk te beperken werd Kraay voortaan stevig ingetapet voor wedstrijden en trainingen. Hij liep er daardoor als een mummie bij, ingesnoerd van kuit tot lies. Maar goed, elke tip die hem hielp om zijn herstel te bevorderen, greep hij met beide handen aan. Zo ook het advies om naar bandagist Coumans in Maastricht te gaan. De Limburger was geen voorstander van het compleet intapen van het been. 'Die man zei: je moet heel strak onder je knie tapen. Dat ging inderdaad een stuk beter. Voor mij dan. Met Coumans zelf liep het een stuk minder goed af. Hij beroofde zich een paar maanden later van het leven. Opgehangen aan zijn eigen tape.'

Kraay jr. beschaamde het vertrouwen van Van Doorneveld niet. Hij kwam bij Haarlem op het middenveld te spelen, vlak achter een jong atletisch Surinaams talent, dat luisterde naar de naam Ruud Gullit. Na twee wedstrijden riep Van Doorneveld Kraay jr. op de training bij zich. 'Je bent weer helemaal de oude, Hans. Zondag sta jij in de basis tegen Feyenoord. Maak het jezelf niet te moeilijk, schakel Andrej Jeliazkov uit.' Inwendig jubelend ging Kraay jr. verder met trainen. Eindelijk, hij telde weer mee. Hij was weer iemand in het voetbalwereldje.

Maar de wedstrijd tegen Feyenoord zou hij nooit halen. Vijf minuten na de instructie van Van Doorneveld kwam hij in bot-

Na beenbreuken en gescheurde kruisbanden liep Kraay jr. voortaan 'ingepakt als een mummie' over het veld.

sing met ploeggenoot Alwin Leysner. Het was slechts een lichte aanraking, maar eentje met grote gevolgen: opnieuw een beenbreuk. Zelfde been, zelfde plek. De tweede beenbreuk in één jaar tijd.

Had Ted Troost na zijn eerste blessure (gescheurde kruisbanden) al gezegd dat Kraay jr. in een rolstoel zou komen, twee beenbreuken later was zijn situatie er zacht gezegd niet rooskleuriger op geworden. 'Ik was al niet de snelste en de soepelste, maar nu had ik helemaal geen kracht meer. In mijn knie zat niks meer. Ik moest gaan compenseren en werd een ander type voetballer.'

Hans Kraay jr. werd een dwaas.

8

Degradatie met een lach

Waarin Hans Kraay jr. kennismaakt met 'het avondje NAC', treurt om het faillissement van een snoepgigant en een memorabel tennistoernooi speelt.

NAC stond er in 1982 beroerd voor, net als veel andere clubs in de ere- en eerste divisie. Nederland was in een diepe economische crisis geraakt en dat liet zijn sporen na, ook in het voetbal. SC Amersfoort en FC Amsterdam hielden het hoofd niet boven water en werden failliet verklaard. In de stadions was het elke week wel ergens raak tussen mobiele eenheid en voetbalfans. Sceptici vroegen zich zelfs af of het voetbal het jaar 2000 wel zou halen. Ook sportief was het kommer en kwel: na twee keer in de finale van een mondiaal eindtoernooi te hebben gestaan deed het Nederlands elftal in 1982 niet eens mee aan het WK in Spanje. Het waren, kortom, sombere tijden voor het voetbal in Nederland.

NAC vormde daarop geen positieve uitzondering. De club uit Breda kampte met een tekort van enkele tonnen. Het was zelfs zo erg dat NAC moest dreigen om voor thuiswedstrijden uit te wijken naar Oosterhout, omdat de gemeente Breda zich anders niet bereid toonde om de kosten voor het onderhoud van het stadion voor haar rekening te nemen. Het doemscenario dat de poorten van het stadion aan de Beatrixstraat zouden moeten sluiten, hing in die dagen als een donkere onweerswolk boven de Bredase volksclub.

Logisch dat er geen geld was voor een vervanger voor de naar PSV vertrokken Ton Lokhoff. Maar gelukkig voor NAC bood zich bij trainer Jo Jansen een transfervrije speler aan. Iemand die geen hoge salariseisen had, maar na jaren van blessureleed weer een nieuwe start wilde maken. Inderdaad, Hans Kraay jr. Niet echt een zelfde type speler als Lokhoff, die bij NAC de lijnen had uitgezet. Maar Kraay jr. was wel iemand die op het randje van het toelaatbare durfde te spelen en daardoor 'gif' in de ploeg kon brengen, zoals Jansen dat noemde. Zo'n voetballer kon de bebaarde trainer goed gebruiken.

Ook qua mentaliteit paste Kraay jr. goed bij NAC. In 1975 was de Bredase ploeg in zijn knusse stadionnetje op zaterdagavond gaan spelen in plaats van op zondagmiddag. Zo was 'het avondje NAC' ontstaan: een mix van Bourgondische gezelligheid, drank, fanatisme en clubliefde.

NAC trok dat seizoen nog twee spelers aan: de ex-internationals Ruud Geels en Johnny Dusbaba. Geels kon worden aangetrokken omdat hij niet bij NAC, maar bij snoepfabrikant Jamin op de loonlijst kwam te staan. Jamin leende hem min of meer uit aan de Bredase club. In ruil voor een vorstelijk salaris diende Geels naast het voetbal alleen wat pr-activiteiten te doen voor het bedrijf uit Oosterhout.

'Ruud had het altijd over geld,' herinnert Kraay jr. zich. 'En bij NAC was de goalgetter van weleer niet meer zo gretig. Op maandag liet hij de training schieten en nam een bad. Vanuit dat bad riep hij dan: "Hans, goed je best doen hè, met je wereldsalaris." Op dinsdag was Ruud er weer, maar alleen om zich een beetje te scheren. Op woensdag waren we allemaal vrij, op donderdag kwam Ruud naar het stadion om zich te laten masseren en op vrijdag deed hij twintig minuten mee met een partijtje. En daar kreeg Ruud dan een uitstekend salaris voor van Jamin. Voor elke training reed hij altijd langs het hoofdkantoor. Dan kwam hij even later op de training met tientallen dozen pennywafels aanzetten. En wij maar applaudisseren als hij weer wat had meegenomen. Dan stond Ruud te glunderen. Vond-ie prachtig.'

Maar ook Jamin kreeg begin jaren tachtig te maken met de aanhoudende economische crisis. Een paar weken nadat Geels als pr-medewerker in dienst was getreden, ging het bedrijf failliet. Geels kon fluiten naar zijn geld. 'Tenminste, dat dachten we,' vervolgt Kraay jr. 'Maar op de een of andere manier had Ruud het voor elkaar gekregen dat hij het volle pond meekreeg. Wij weer klappen voor hem in de kleedkamer. Maar Ruud was zogenaamd nogal down. Dus wij vroegen: "Wat is er nou, Ruud? Je hebt drie weken gewerkt voor een miljoen gulden." Maar Ruud zei dat hij er niet mee kon leven. We snapten er niks van. "Wil je het geld soms teruggeven uit solidariteit met de ontslagen werknemers?" vroegen we. "Nee," zei Ruud, zogenaamd opeens strijdbaar. "Het is een groot onrecht! Ze zijn mijn reiskosten vergeten over te maken!"'

Die andere aankoop, Johnny Dusbaba, deed in handelsgeest niet onder voor Geels. Dusbaba was opgegroeid in de Haagse Schilderswijk, als zoon van een kermisklant. Hij was een groot talent bij FC Den Haag en werd in 1974 door Kraay sr. naar Ajax gehaald. Daarna verkaste hij naar België, eerst naar Anderlecht en daarna naar Standard Luik. Als het over Dusbaba ging, dan ging het meestal over twee zaken. 1. Zijn gewicht. 2. De handel. Als jonge speler van Ajax handelde het Haagse schoffie al vanuit de kofferbak van zijn auto. Veelal betroffen het zaken die volgens Johnny 'van de vrachtwagen' waren gevallen. Bij Anderlecht breidde hij zijn handel uit en had hij het materiaalhok omgebouwd tot een zaak, waar hij naar eigen zeggen zeventigduizend francs per week (ruim 1700 euro) omzette aan leren jassen, televisies en videorecorders. Het kon niet uitblijven dat Dusbaba in aanraking kwam met de Belgische justitie. Sindsdien was het stil geworden rondom de ex-international. Bij NAC hoopte Dusbaba op een tweede kans, al was hij veel te zwaar om weer op zijn oude niveau te komen. Zijn voetbalbroekje spande zo strak om zijn dijen dat het leek te knellen.

Je kunt een jongen wel uit de Schilderswijk halen, maar de Schilderswijk niet uit een jongen, zo bleek al snel. Want ook in Breda verviel Dusbaba weer in zijn oude streken. Kraay jr. herinnert zich dat hij alles bij zijn Haagse ploeggenoot kon bestellen, van bontjassen tot koikarpers. 'Zo rond Kerst had hij voorbeeldpakketten van vuurwerk mee naar NAC genomen. Een pakketje van 25 gulden kon-ie je zo leveren. Iedereen dook erop, het ging met tientallen dozen tegelijk. Johnny zou de pakketten een dag later meenemen. De volgende dag moesten we om half drie trainen. Maar geen Johnny, terwijl hij altijd op tijd was, of dat nou om trainingen ging of om bestellingen. Maar die dag dus niet. De training was al een tijdje bezig toen we plotseling op de weg naast het trainingsveld een enorme joekel van een Belgische vrachtwagen zagen rijden. Tuut-tuut, hoorden we. Zat Johnny achter het stuur. Bleek er zoveel bij hem besteld te zijn, dat hij de dozen niet meer had kunnen uitladen. Toen heeft hij maar de hele vrachtwagen meegenomen.'

Gezelligheid leek bij NAC soms belangrijker dan presteren. Kampioen zouden ze toch niet worden, dus heel veel druk stond er niet op de ketel. Eén ding was wel belangrijk in Breda: niet degraderen. Maar dat gebeurde dus wél. Arme Jo Jansen, die aardige trainer die zo geliefd was bij zijn spelers. Eén keer had Jansen een straftraining aangekondigd, nota bene op de zondag van carnaval, na een 1-5-nederlaag tegen PSV. Kraay jr.: 'Trainen met carnaval, we dachten: die is pislink. We zagen hem nergens, toen gingen we zelf het veld maar op. Stond hij om de hoek, met twee grote bletten bier in zijn handen. "Jaha junkskens, het is carnaval, dus neem nog een pinteke, en nog ene." We zijn toen naar de kantine van ome Henk gegaan en dat werd een groot feest. Onze voetbalschoenen mochten we aanhouden. En Ruud zijn slippers.'

Ook de voorbereiding op de laatste wedstrijd van het seizoen tegen Feyenoord, een duel dat besliste over degradatie, verliep in een plezierige sfeer. Opdat de spelers zich in alle rust konden voorbereiden op het sleutelduel had Jansen hen naar Hotel Bosschenhoofd in het gelijknamige dorp gedirigeerd. Het hotel beschikte ook over een overdekte tennisbaan. 'We hadden 's avonds gegeten en om half elf stelde Ruud voor om een tennistoernooi te organiseren. Jo was allang blij dat Geels een keer wat deed. Hij vond het prima, als Ruud maar in beweging was. Om half twee 's nachts stonden we nog te bakkeleien over een bal in of uit en om kwart voor twee ga ik met smashen door mijn knie. Een blessure opgelopen om kwart voor twee 's nachts! Ik heb ijs op die knie gedaan, een kussen onder het matras gestopt om mijn been hoog te houden, maar niets hielp meer. Ik heb het nog 65 minuten volgehouden tegen Feyenoord en toen moest ik me laten wisselen. We verloren voor 18.000 man met 3-2 en degradeerden naar de eerste divisie. Maar we hadden wel een hele leuke tennisavond gehad.'

9

Kiezen voor het geld (1): Edmonton Eagles

Waarin Hans Kraay jr. kennismaakt met de 'Dollarkoning', overweegt om Canadees international te worden en besluit om zijn voorzitter te ontvoeren.

Dat Kraay jr. geen topvoetballer was voor wie de mensen naar het stadion kwamen, wist hij zelf ook wel. Het was überhaupt een wonder dat hij na twee beenbreuken en afgescheurde kruisbanden nog kon voetballen. Wel was het daarom zaak om in de pakweg vijftien jaar dat zijn sportieve loopbaan nog zou duren zo veel mogelijk geld te verdienen. Die moederhavo was weliswaar een opwindende tijd geweest, een diploma had hij er niet aan overgehouden. Drie keer koos Kraay jr. in zijn carrière daarom voor het geld; drie keer kwam hij van een koude kermis thuis.

De eerste keer dat een zak met geld lonkte was in 1983, na de degradatie met NAC, toen de 41-jarige Nederlands-Canadese zakenman John Tiemessen Kraay jr. benaderde voor een avontuur in Canada bij Edmonton Eagles. Tiemessen was een emigrantenzoon die in Edmonton rijk was geworden met bloemenimen export en onroerend goed. Althans, dat beweerde hij. Hij zou over 5 miljoen dollar beschikken en zijn vermogen verder willen aanvullen door een voetbalclub op te bouwen en die later met winst te verkopen.

Er waren wel meer zakenmensen die er zo over dachten. Tijdens zijn eerste avontuur in Amerika, in 1979, zou Kraay jr. voor Oakland Stompers gaan spelen, maar nog in de voorbereiding werd die club door eigenaar Milan Manderic verkocht aan de eigenaar van Edmonton Drillers, waarna de hele boel richting Canada verhuisde. In diezelfde stad zou Kraay jr. nu dus weer gaan voetballen.

Tiemessen had grote plannen met Edmonton Eagles in de nieuw op te zetten Canadese competitie, the Canadian Professional Soccer League (CPSL). Behalve Kraay jr. had hij Piet Schrijvers (Ajax), Leo van Veen (Ajax) en Hugo Hovenkamp (AZ'67) benaderd met het voorstel naar Canada te komen. Om hen over te halen had hij speciaal een bijeenkomst in een duur restaurant in Alphen aan den Rijn laten beleggen, compleet met diapresentatie over wat de Nederlanders in de langgerekte prairiestad te wachten zou staan.

De Canadese Dollarkoning, zoals zijn bijnaam luidde, wapperde met mooie contracten, sprak over grote sponsors die hij al had vastgelegd, schonk ondertussen nog wat champagne bij en zegde Van Veen, Schrijvers en Hovenkamp behalve een riante som handgeld ook de technische leiding van Edmonton Eagles toe. 'Die man was een grote oplichter, dat we dat niet doorhadden,' verwondert Kraay jr. zich nog altijd over die bijeenkomst. 'Hij zag er niet uit, kwam in een Lada voorrijden, maar bestelde het duurste eten. Een charlatan, maar we zijn er met open ogen ingetrapt.'

Tiemessen liet zich in Alphen aan den Rijn vergezellen door zijn broer Gerard en zijn 81-jarige moeder. Kraay jr. zou haar later nog één keer tegenkomen. In heel andere omstandigheden, maar daar kon hij toen nog geen weet van hebben. In maart 1983 zagen de Canadese plannen er nog zeer rooskleurig uit. Op 22 mei startte in Canada een nieuwe competitie met zes teams, die alle tot eind september zes keer tegen elkaar zouden spelen. Tiemessen, die voor zestig procent eigenaar was van de club, zag een gat in de markt: met een veelvoud aan Europese immigranten in Edmonton zou het stadion haast als vanzelf volstromen. De Eagles zouden de competitie gaan overheersen, zo was zijn heilige overtuiging.

Kraay jr., vrijgezel, transfervrij en niet wars van avontuur, zag de plannen van Tiemessen wel zitten. Ook toen langzaamaan de verhalen over zijn dubieuze praktijken doorsijpelden. Hij was met zijn nieuwe baas zelfs al naar de Canadese ambassade geweest om te informeren naar de mogelijkheid om een Canadees paspoort te krijgen. Een win-win-situatie: de suikeroom zou op die manier nog een extra buitenlander kunnen aantrekken en Kraay jr. zou Canadees international kunnen worden. Als enige van het groepje Nederlanders had hij geen tekengeld bedongen, maar zijn salaris zou ter plekke in Canada worden uitbetaald. Daarover hoefde Kraay jr. zich geen zorgen te maken, had Tiemessen beloofd.

De plannen van Tiemessen veranderden al snel in een klucht. De zakenman bleek geen dollarkoning te zijn, maar een geflopte huizenhandelaar. Omdat beloftes over sponsoring uit de lucht waren gegrepen en het beloofde handgeld uitbleef, was Hugo Hovenkamp vooruit gereisd naar Edmonton om poolshoogte te nemen én om bankgaranties te krijgen. De voetballer van AZ kreeg bij aankomst van Tiemessen meteen een Ford Mustang onder zijn kont, mocht verblijven in een kamer in het chique Alberta's Palace met wel twee badkamers, maar diende die uiteindelijk – Tiemessen was na een paar dagen in geen velden of wegen meer te bekennen – zelf af te rekenen. Zelfs het beloofde zakgeld van achthonderd dollar had Tiemessen hem niet kunnen betalen. De ambities van de Canadese zakenman waren op drijfzand gebouwd; in werkelijkheid zat er nog geen penny in zijn portemonnee. Van het viertal dat naar Canada zou gaan, vertrok er uiteindelijk, op goed geluk, maar één: Hans Kraay jr. Hij was vergeten om in zijn contract een annuleringsclausule op te nemen.

Van de begrote zevenduizend toeschouwers kwamen er wekelijks maar vijfduizend opdraven – opnieuw een financiële tegenvaller voor Tiemessen, want juist van de recettes moest hij zijn spelers betalen. En zes keer tegen elkaar spelen bleek achteraf ook wat te veel van het goede – vooral de reizen en hotelovernachtingen waren voor de clubeigenaren een nogal grote kostenpost. Voor Kraay jr. was dat een geluk bij een ongeluk. Omdat na elf wedstrijden al werd besloten om te beginnen met de play-offs kon hij direct na de competitie in Canada alweer aansluiten bij NAC. Was dat probleem in elk geval opgelost. Nu nog het geld.

Sportief ging het hem zeer voor de wind. Edmonton Eagles werd kampioen, Kraay jr. werd als rechtermiddenvelder topscorer van de competitie en net als in San Jose met George Best beleefde hij ook nu weer dolle avonturen met een gerenommeerde oud-vedette op leeftijd: Horst Blankenburg, de Duitser die met Ajax in de jaren zeventig drie keer op rij de Europacup 1 had gewonnen. Samen deelden ze een appartement op de 22ste verdieping in het centrum van Edmonton. Als Kraay jr. ging slapen, deelde Blankenburg mee dat hij nog even ging 'spazieren'. 'En elke avond kwam hij met een meisje thuis,' vertelt Kraay jr. 'Die stelde Horst dan voor als Heidi. De ene avond was Heidi blond, de andere avond een brunette. En zo ging dat maar door; allemaal Heidi's. Elke avond ging hij met ze tekeer, om ze de ochtend daarna met grof geweld de kamer uit te schoppen.'

In *Voetbal International* liet Kraay jr. in 1983 telefonisch weten het prima naar zijn zin te hebben in Canada. Over financiële wantoestanden geen woord. 'Tiemessen zie ik één keer in de week. Die man zit vreselijk in de put, logisch, hij hééft me toch een partij geld verloren. Die man had waanideeën, hij dacht rijk te kunnen worden met een voetbalclub. Nu zit-ie aan de grond. Ik heb toch een beetje meelij met hem.'

In werkelijkheid viel het met dat medelijden van Kraay jr. voor de Dollarkoning wel mee. Toen hij een dag voor zijn terugkeer naar Nederland nog steeds niet zijn salaris had ontvangen, greep hij in. 'Ik had nog 12.000 dollar tegoed van Tiemessen. Onze materiaalman was een grote Italiaan. Ook hij had zijn geld nog niet gekregen. Ik heb hem toen ingehuurd om Tiemessen te kidnappen. We hebben hem opgewacht toen hij alleen op zijn kantoor was, zodat hij niet meer kon ontsnappen. Die Italiaan is naar binnen gegaan, heeft Tiemessen bij zijn strot gepakt en hem meegesleurd naar de auto waar ik achter het stuur zat.'

Het ritje door Edmonton beschrijft Kraay jr. als 'een gangsterfilm waar ik met Ton Pattinama altijd naar keek'. 'Ik zat voorin, die Italiaan en Tiemessen op de achterbank. Hij kon geen kant op. We dreigden hem: "En nu ga je betalen!" We zijn naar de bank gereden, maar op zijn rekening stond geen dollar meer. Maar dat hadden we al vaker meegemaakt. We hebben hem gedwongen om zijn moeder te bellen. Tegen dat arme mens van 81 jaar hebben we gezegd: We laten uw zoon niet eerder los voordat we ons geld hebben. Zij heeft toen 12.000 dollar van de bank gehaald. We hebben dat geld gepakt en mevrouw Tiemessen nog een prettige dag gewenst. Ik heb haar daarna nooit meer gezien. Wat denk je, zou ze nog leven?'

10

Vierentwintig wedstrijden langs de kant

Waarin Hans Kraay jr. voor een discutabele mijlpaal in het Nederlandse voetbal zorgt, overweegt om belastingadviseur te worden en zijn zaakwaarnemer tot waanzin drijft.

De exacte woorden in zijn brief naar scheidsrechter Wil de Vrieze weet Hans Kraay jr. niet meer. Vergeten. Geblokt misschien wel. In elk geval gewist van zijn harde schijf. Maar de strekking van het epistel weet hij nog wel. 'Het zal iets in de trant zijn geweest van: ik schaam me diep voor mijn actie. Ik hoop dat u mijn excuses aanvaardt en dat u verder weinig Hans Kraay junioren meer zult meemaken in uw carrière.'

Ten tijde van NAC-FC Wageningen, het dieptepunt in zijn loopbaan, was Hans Kraay jr. 23 jaar. Hij had toen al negentien gele en twee rode kaarten achter zijn naam staan. De frêle technicus was een gemene sloper geworden. Eentje van het ergste soort. Zijn benen deden niet meer wat zijn hoofd hem ingaf. De gevolgen daarvan waren soms gruwelijk.

De competitie in het seizoen 1983/'84 was nog maar een paar maanden onderweg toen NAC op zaterdag 15 oktober de thuiswedstrijd tegen FC Wageningen speelde. Het was een typische herfstavond, in het stadion aan de Beatrixstraat. De supporters waaiden bijna van de tribune en door alle regen was het veld spekglad geworden.

Met een 4-1 voorsprong voor NAC waren de meeste fans al bezig het stadion te verlaten, op zoek naar de warme kroeg even verderop in het centrum van de stad, toen er in de slotfase van de wedstrijd plotseling commotie ontstond. Zoals wel vaker was Hans Kraay jr. het middelpunt daarvan. Hij had zojuist FC Wageningen-speler Eus van Vijfeijken gehaakt, tenminste in de ogen van scheidsrechter Wil de Vrieze. De gele kaart die de arbiter zocht in zijn borstzakje zou voor Kraay jr. alweer de derde betekenen in het nog prille seizoen.

Het vooruitzicht van een schorsing maakte dat het zwart voor zijn ogen werd. 'Ik rende op De Vrieze af en verkocht hem een zwieperd. De wind kwam eronder en een halve seconde later zag ik hem door de lucht vliegen. Terwijl hij daar vloog, had De Vrieze nog tijd om de gele kaart voor een rode om te wisselen. Ik ging helemaal door het lint. Het was aan Geels en Dusbaba te danken dat ik die man niet verder te lijf ging.'

Wat was het, op die herfstachtige zaterdagavond, dat Kraay bezielde? Een vlaag van verstandsverbijstering? Woede? Frustratie? Genoegdoening? 'Nee, dat allemaal niet. Ik was in die periode zo met mezelf bezig dat ik me niet eens realiseerde dat ik de scheidsrechter een zwiep had gegeven. Ik dacht alleen maar aan mijn schorsing en aan mijn reputatie. Ik was een talent, kon aardig koppen, had een behoorlijke pass en beschikte over een redelijke basistechniek. Maar daar was niets meer van over. Ik had bijna geen kracht meer in mijn linkerknie zitten en was alleen maar aan het compenseren. Daarnaast liet ik me ontzettend opnaaien door jongens als Geels en Dusbaba. Had ik zeventien slidings in een kwartier gemaakt, dan zei Geels knipogend naar Dusbaba: "Zeg Hans, kan er niet een schepje bovenop?" En dan ging ik weer, op naar sliding nummer achttien. Ik was helemaal de weg kwijt.'

Pas een paar dagen later kwam Kraay jr. tot bezinning. *Voetbal International* wierp in die weken de vraag op of Kraay jr. een schlemiel of een voetbaldelinquent was. Verslaggever Bert Nederlof ging op zoek naar de oorzaken van het gedrag van Kraay jr. Wilde hij zich misschien geforceerd bewijzen ten opzichte van zijn vader? 'Ik weet heus wel dat mijn vader meer kwaliteit had dan ik, daar ben ik heel reëel in,' antwoordde Kraay jr. 'Toen ik bij Excelsior kwam had ik maar één doel voor ogen: proberen een jaar of tien mee te komen in de eredivisie. (...) Ik zal me alleen hoe dan ook moeten beheersen als ik weer een gele kaart heb gehad, want dán slaan alle stoppen steeds door. Ik zal eindelijk eens het beetje verstand dat ik heb moeten gaan gebruiken.' Verstandige woorden. Eindelijk.

Kraay jr. hoopte dat de schorsing beperkt zou blijven tot tien wedstrijden, mede door de aanwezigheid van videobeelden die in de strafzaak moesten aantonen dat de gele kaart voor de overtreding tegen Van Vijfeijken onterecht was geweest. Volgens Kraay jr. overtuigend bewijs. Maar toen zijn vader de band bekeek en hij scheidsrechter De Vrieze met twee benen door de lucht zag vliegen, vroeg hij zijn zoon verbaasd: 'Ben jij wel helemaal jofel? Dit kan je weleens een jaar gaan kosten.'

Kraay jr.: 'Nu ik wat ouder en wijzer ben, zeg ik: ik had die zaak nooit moeten laten voorkomen. Ik had me schandalig misdragen. Mijn vader vroeg zich in die tijd regelmatig af waarom ik niet gewoon belastingadviseur was geworden. Ik heb me als een groot kind gedragen door te zeggen dat het allemaal wel meeviel. Dat was niet zo. Het was een schandalige actie.'

Kraay sr. zat er niet eens zo ver naast met zijn voorspelling van een jaar schorsing: de tuchtcommissie van de KNVB bepaalde dat zijn zoon tot 1 juli 1984 niet mocht voetballen. Met andere woorden: geschorst tot aan het einde van het seizoen, in totaal waren dat vierentwintig wedstrijden. Geen record, omdat

Henk van Ramselaar van SC Amersfoort in 1975 een straf van 2,5 jaar had gekregen nadat hij scheidsrechter George Oetelmans in zijn onderbuik had geschopt, maar een discutabele mijlpaal in het Nederlandse betaalde voetbal was het natuurlijk wel, die schorsing van Kraay.

In hoger beroep werd de straf teruggebracht tot zestien wedstrijden. Ook bepaalde de KNVB dat de schorsing niet voor een buitenlandse competitie gold. Bijna dagelijks trainde Kraay jr. voor zichzelf of ging hij tennissen met Ruud Gullit en Michel Valke. En om zijn zinnen te verzetten schreef hij hier en daar een stukje voor een krant om zijn pen aan te scherpen. En anders reed hij naar de grens om in België de *Gazet van Antwerpen* te kopen om te kijken of ergens in Vlaanderen een club nog een agressieve voorstopper zocht. Het lukte hem zelfs om een proefwedstrijd bij FC Antwerp te regelen. Kraay jr. mocht meteen blijven. Maar terwijl hij op het punt stond een contract te tekenen in België, kwam zaakwaarnemer Ger Lagendijk met een opmerkelijk aanbod. 'Hij stelde mij voor een keuze. Ik kon naar Apollon Smyrni FC, voor 120.000 gulden per jaar. René van de Kerkhof zat daar, net als de Nederlandse trainer Bert Theunissen. Mooi weer, goed geld. Maar er was ook een andere mogelijkheid. Ik kon een maand op proef, zonder enige zekerheid, bij Brighton FC in de Engelse First Division.'

Kraay deed, wat hij later in zijn carrière een paar keer zou verzuimen: hij koos voor zijn gevoel, niet voor het geld. 'Ger, annuleer die tickets naar Griekenland maar, we gaan naar Engeland.'

Het bleek een van de beste keuzes uit zijn carrière te zijn. Sportief én privé.

11

Avontuur over de grens (2): Engeland

Waarin Hans Kraay jr. wordt verward met een gangster, het geheim van de perfecte elleboog leert en een vergeefse tocht door Alaska maakt.

Wat Mekka is voor moslims, is Engeland voor voetballers. Spelen in volle stadions, in een geur van fish and chips, met anderhalf uur lang zingende supporters op de staantribune en in een competitie – voor Kraay jr. niet onbelangrijk – waar op een rode kaart slechts één wedstrijd schorsing stond. Kortom, Hans Kraay jr. was van de hel in de hemel terechtgekomen.

Die hemel heette Brighton & Hove Albion FC, een club die was opgericht op 21 augustus 1901. Een traditieclub, luisterend naar de bijnaam Seagulls (Zeemeeuwen), spelend in prachtige blauw-witte shirts in een sfeervol stadion, Goldstone Ground, dat met zijn steile tribunes plaats bood aan 20.000 toeschouwers. De club had net zijn belangrijkste wapenfeit uit de historie achter de rug: kwalificatie voor de finale om de FA Cup op Wembley. De Cup Final werd tegen het Manchester United van Arnold Mühren pas verloren in de replay: 0-4 na een 2-2 gelijkspel in de eerste wedstrijd.

Een paar maanden eerder had Kraay jr. die wedstrijd op tv gezien, al had hij toen meer oog gehad voor Mühren. Met bewondering had hij naar zijn landgenoot gekeken. Die stond daar toch maar, als Volendammer op het heilige gras van Wembley. Voetballen in Engeland, iets mooiers bestond er niet. En nu stond Kraay jr. zelf, als gemankeerde voetballer, plotseling tussen al die beroemde mannen van de FA Cup Final. Wat kon het soms toch gek lopen in het voetbal!

Dat hij in Nederland een bedenkelijke reputatie had opgebouwd was in de Zuid-Engelse badplaats eerder een pre dan een nadeel. 'Hardhitter Hans' werd hij vanwege zijn speelstijl genoemd, een geuzennaam. Kraay jr. groeide uit tot een fenomeen in Brighton. Het begon al met zijn entree in Engeland. Een dag nadat hij zijn contract had getekend, openden de boulevardkranten met de kop 'Third Kray Brother arrived', een knipoog naar de Engelse gangster-tweeling uit de jaren vijftig en zestig die even berucht (moorden, gewapende overvallen) als beroemd (ze lieten zich fotograferen en interviewen op tv) waren. Dat Kraay jr. in Nederland voor vierentwintig wedstrijden was geschorst, was de Engelse journalisten niet ontgaan. 'He hit the referee and was banned for 24 matches,' viel er overal te lezen. Hij was met recht een echte Kra(a)y. 'Al snapte ik geen fuck van dat hele Kray-verhaal. Ik heb toch maar één broer? Maar ik kon daar niet meer stuk.'

Zijn onconventionele speelstijl zorgde er wel voor dat trainer Chris Cattlin Kraay jr. niet meteen vanaf het begin durfde op te stellen. Op trainingen had de coach al gezien dat de Nederlander zelfs voor Engelse begrippen té agressief speelde. Cattlin was vroeger ook geen bange verdediger geweest bij Brighton FC, maar Kraay jr. maakte het in zijn ogen wel heel bont. Cattlin vreesde serieus dat zijn aankoop in deze staat van opwinding al heel snel een rode kaart zou krijgen. Daarom liet hij Kraay jr. eerst in het tweede opdraven om te wennen aan het Engelse voetbal.

Zelfs die wedstrijden op de doordeweekse avonden waren voor Kraay jr. een genot om mee te maken. Niet zelden was de Goldstone Ground gevuld met vierduizend toeschouwers. Ondertussen leerde hij van ploeggenoot Jimmy Case hoe hij zich het beste staande kon houden in het Engelse voetbal. Met de elleboog. De belangrijkste les van Case: éérst kijken waar de scheidsrechter staat, hij let altijd op de bal, nooit op de man. Dán toeslaan.

Brighton FC was een verzamelplek voor kleurrijke vedettes. Jimmy Case had de Europa Cup 1 gewonnen met Liverpool en beschikte over een van de hardste schoten in het Engelse voetbal. Keeper Jo Corrighan was overgekomen van Manchester City en had negen interlands voor Engeland achter zijn naam staan. Steve Foster had deel uitgemaakt van het Engelse team op het WK in Spanje. Hij was bekend om zijn haarband. En Frank Worthington was de playboy van het stel. Hij kamde zijn haren in precies hetzelfde model als Elvis Presley. Hij en Hardhitter Hans werden al snel dikke maatjes.

Het bestaan van Kraay jr. bestond, geheel in de Engelse traditie, uit ongezond eten, veel drinken, veel darten en weinig trainen. 'We hadden niet eens een trainingscomplex. Trainen deden we in het park, tussen de mensen die hun honden uitlieten. Veel stelde dat niet voor. De belangrijkste opdracht was: 'Get the ball in the box.' Van positiespelletjes hadden ze nog nooit gehoord. Een keeperstrainer? Onzin. Maar met mijn elleboog ging het prima. Elke keer als ik iemand had neergehoekt, hoorde ik Case roepen: "Perfect my son, perfect!" In Engeland ging het maar om één ding: die anderhalf uur op zaterdag. De rest deed er niet toe.'

Het was voor Kraay wel even wennen, die nieuwe voetbalcultuur. Gokken, vreemdgaan, zuipen, niets was te gek. Dat Jimmy

Case een keer dronken op het veld stond, werd niet als bijzonder ervaren. Kon gebeuren, werd er dan gezegd. Maar Kraay jr. geloofde zijn ogen niet. 'Jimmy gaf die middag alleen maar passes die niet aankwamen. Wij zeiden: "Jimmy, daar staat níemand. Speel hem nou naar iemand met een blauw-wit shirt aan." "I know, I know," riep-ie dan terug. "But what a joy to see me kick that ball, isn't it?"'

Met trainer Chris Cattlin vertrok Kraay jr. later in dat seizoen naar Groningen, om samen Rob McDonald te bekijken. Brighton zocht een spits en Kraay jr. had meteen aan McDonald gedacht. Het werd een barre tocht, midden in de winter: van Brighton naar Londen, van Londen naar Amsterdam en van Amsterdam naar Groningen. 'Het was zo koud dat zelfs het IJsselmeer was bevroren. Toen we over de Afsluitdijk reden, riep Chris uit: "Where the fuck are we? Alaska?" We kwamen aan in het Oosterpark. Hij vroeg: "Nou, wie is het?" Dus ik wees naar McDonald, die met een maillot en witte handschoentjes aan de warming-up bezig was. Nog voor het begin van de wedstrijd zaten we alweer in de auto, terug naar Schiphol. Hij zei alleen maar: "I don't want a sissy in our team."'

Kraay jr. speelde tegen Leeds United, Chelsea, Sheffield United, ja tegen welke ploeg niet eigenlijk? In het duel met Notts County had hij zelfs in de 90ste minuut de winnende treffer gescoord, hetgeen hem de titel 'Man of the Match' opleverde. Het was alsof hij in een film was beland, dit keer de goeie. 'In Engeland krijg je al applaus als je een tackle uitvoert of een crosspass geeft. Als-ie dan ook nog aankomt, ben je helemaal de man.' Later als trainer zou Kraay, die in Engeland zijn trainersdiploma's haalde, veel van zijn ervaringen bij Brighton gebruiken. 'Ze zijn daar gek van terreinwinst. Daar geloof ik ook in. Dat gedoe van die backs in ons land die met hun gezicht naar hun eigen keeper staan en altijd voor de meest risicoloze oplossing kiezen. Verschrikkelijk. Bij mij is het, hup, opendraaien, vooruit spelen.'

Met zijn onorthodoxe speelstijl werd Kraay jr. al snel omarmd door de fans van Brighton. Vooral als Kraay jr. bij hoekschoppen mee naar voren ging en als een bezetene door het strafschopgebied rende, kon hij rekenen op aanmoedigingen van de fans. '"Hans is Evil, Hans is Evil," riepen ze dan. Dan begon ik nog gekker te doen. Ik ging rennen, tegenstanders renden me achterna, die botsten dan op elkaar en het publiek maar harder schreeuwen. Ik was daar een cultheld. Ik moest ook eens uitvallen met een enkelblessure. Ging ik me na afloop verontschuldigen. De volgende dag grote koppen in de krant. "Dutchman says: 'Sorry Boss, that I broke my ankle."' Prachtig vonden ze dat. Mijn reputatie, mijn achternaam, het was een perfect match.'

In twee seizoenen zou Kraay jr. vijfentwintig wedstrijden spelen. Geen aantal om van achterover te slaan. Maar Kraay jr. zou Brighton nooit vergeten en Brighton Kraay jr. niet. Twintig jaar later werd Hardhitter Hans gekozen in het All Time Favourite Team van de fans.

12

Voetbalvrouw binnen een week

Waarin Hans Kraay jr. op stap gaat met Mick Jagger, een merkwaardig oogcontact heeft met een serveerster en op maandagmiddag een gaatje vindt voor de bruiloft.

Het leven was om meerdere redenen goed voor Kraay jr. in Zuid-Engeland. Brighton was een hip universiteitsstadje met 155.000 inwoners met charmante winkelstraatjes, statige Victoriaanse huizen en de beroemde houten pier. Door het gematigde zeeklimaat was het in Brighton altijd net even warmer dan in de rest van Engeland. Het voetbal werd simpel gehouden in Engeland en (prettig voor iemand die 'carpe diem' als levensmotto heeft en wars is van geplande bezoekjes): 'Ze doen in Engeland niet aan verjaardagen en visites.'

Kraay jr. verbleef in het Courtlands Hotel, op een vrije trapafstand van de levendige boulevard. Kost en inwoning werden door de club betaald. Tot aan zijn tijd in Engeland had Kraay jr. nog nooit bier gedronken. Daar kwam in Brighton snel verandering in. Dinsdagavond was de vaste stapavond van het eerste elftal van Brighton FC. Van The Woodies Wine Bar ging het naar The Bentley Bar en van The Bentley Bar ging het naar The Fagans Pub; elke dinsdag dezelfde route. Elke dinsdag vond ook hetzelfde ritueel plaats: Jimmy Case die begon met het drinken van glazen whisky, daarna overschakelde op flessen whisky en aan het einde van de avond naar een taxi werd gebracht. Volgens de overlevering wisten de taxichauffeurs in Brighton die op dinsdagavond dienst hadden precies wat komen ging: ze brachten Case naar huis, waarna hij van zijn vrouw voor straf in de tuin moest slapen. Zo ging dat elke dinsdag weer.

Iedereen in Brighton kende de voetballers, aan belangstelling van vrouwelijk schoon ontbrak het de spelers niet. Het was voor Kraay net als op de moederhavo, maar dan zonder vervelende lessen en bemoeizuchtige docenten. Helemaal feest werd het wanneer Mick Jagger of Rod Stewart zich bij de ploeg voegde voor een stapavondje. De artiesten waren vrienden van Frank Worthington, de playboy van het stel. Jagger en Stewart waren echte wereldsterren. Ze waren zo onbereikbaar dat zelfs Kraay jr. geen praatje met hen durfde aan te knopen.

Worthington was al een tijdje zijn rijbewijs kwijt, omdat hij met te veel alcohol in zijn bloed was aangehouden. Kraay jr. had zich daarom opgeworpen als zijn taxichauffeur. Worthington had de *looks*: hij hoefde maar met zijn vingers te knippen of er stonden al drie, vier gewillige meiden om hem heen. Als dank voor de ritjes 'regelde' Worthington ook weleens wat voor die aardige Nederlander, die dankbaar gebruikmaakte van de geste van zijn ploeggenoot. Het waren mooie tijden in Brighton. Leuke meiden ook, maar de volgende dag was Kraay jr. ze meestal alweer vergeten.

Tot die dinsdagavond in februari. Zoals altijd was The Woodies Wine Bar de plek waar werd afgetrapt. De serveerster die daar werkte, was Kraay jr. al eerder opgevallen – net als zijn ploeggenoten overigens – maar dit keer was ze werkelijk onweerstaanbaar. Worthington maakte zijn Nederlandse ploeggenoot wijs dat zij deze avond speciale belangstelling voor hem had opgevat. 'Elke keer als ik een slok van mijn biertje nam, dan stootte hij me aan: "Fucking hell, she's looking at you, Hans."

En zo ging dat nog een paar keer. Uiteindelijk ging ik er nog in geloven ook.'

Op het einde van de avond had Kraay jr. genoeg moed verzameld om op haar af te stappen. 'Ik zei: "Hoi, ik ben Hans, ik voetbal bij Brighton. Wordt het niet eens tijd dat we gaan afspreken, aangezien je de hele avond naar me hebt staan kijken?" Ze keek me verbaasd aan en zei: "Ik ken geen Hans, ik heb niet naar je gekeken en ik haat voetbal."'

De volgende dag stond Kraay jr. bij de serveerster, die Gilian bleek te heten, op de stoep van haar huis met een grote bos bloemen. Het adres had hij van haar baas gekregen, een fan van Brighton. 'Ze was weer verbaasd. Ik zei: "Deze zijn voor jou. Omdat je zo bleef aandringen om uit eten te gaan." Daar moest ze ontzettend om lachen. We zijn naar een Italiaans restaurant gegaan. Het was meteen bingo. Ik heb haar naar huis gebracht, overal lag sneeuw en het was ijskoud. Maar de voordeur hebben we nooit gehaald, zo gretig waren we. We hadden een geweldige klik en ik vond haar bloedmooi.'

Een week later trouwde hij met Gilian. En nee, het was geen weddenschap. 'Wel een beetje voetbalgedrag natuurlijk. Ik heb me laten opnaaien. Aan de andere kant: ik vond haar zó mooi. Later in de week zaten we weer in dat Italiaanse restaurant. Ik zei tegen haar: we kunnen hier nog wel twintig keer naartoe gaan, maar we kunnen ook gewoon gaan trouwen. Nou, dat vond zij ook wel een leuk plan. Ik kreeg de zegen van haar ouders. Dat was niet moeilijk: zij waren hartstochtelijk fan van Brighton FC en stonden elke zaterdag "Hans is Evil" naar me te schreeuwen. We moesten alleen nog een afspraak maken voor het stadhuis. Bleek er alleen op maandagmiddag nog een gaatje te zijn.'

Op zaterdagavond, na de met 3-1 gewonnen wedstrijd tegen Blackburn Rovers, belde Kraay jr. naar zijn ouders. Hij kreeg zijn vader aan de lijn in Beusichem. Het werd een merkwaardig gesprek.

Junior: ‘Pa, heb je maandag wat te doen?’

Senior: ‘Nee, waarom?’

Junior: ‘Ik ga maandag trouwen.’

Senior: ‘O, eh, met die donkere?’

Junior: ‘Nee, met een blonde serveerster. Heb ik vorige week ontmoet.’

Senior: ‘Je bent niet goed wijs, maar als je erop staat, dan zijn we er. Hoe heet ze eigenlijk?’

Ook in de kleedkamer van Brighton FC leidde de plotselinge trouwerij tot grote hilariteit. Op maandagmorgen om half tien vroeg Kraay jr. het woord. ‘Ik ga trouwen, straks om half een en jij – wijzend naar Frank Worthington – zou jij mijn getuige willen zijn?’ De playboy kon zo snel geen bezwaren bedenken. Wel had hij nog een vraag: wie was de bruid eigenlijk? Toen hij hoorde dat het de serveerster van The Woodies Wine Bar was, die volgens hem zogenaamd de hele avond naar Kraay jr. had zitten kijken, schoot hij in de lach. ‘Man, ze heeft niet één keer naar je gekeken,’ zei hij tegen Kraay jr., die snel counterde: ‘Klopt, Frank. Maar ik ga wél met haar trouwen.’

Onderweg van de training naar het stadhuis had Kraay jr. een trouwring gekocht en keurig om twaalf uur stond hij bij het stadhuis om zijn aanstaande op te wachten. Vreemd was het wel dat hij de hele tijd een zwarte auto rondjes om het stadhuis zag rijden. Het bleek naderhand zijn schoonvader te zijn, die door zijn dochter op pad was gestuurd om te kijken of de Nederlander toch niet stiekem een grap had uitgehaald. Toen hij Kraay jr. daadwerkelijk in een trouwpak had ontwaard, riep hij tegen zijn dochter, die achter in de auto zat: ‘Come on girl, you can go. It’s not a joke.’

Met dochter Melissa

In het stadhuis waren inmiddels ook de ouders van Kraay jr. gearriveerd. Ze waren in het zwart gekleed. Per ongeluk gaven ze het verkeerde meisje een hand. 'Ja, neem het ze eens kwalijk,' stelt Kraay jr. 'Ik verbaas me er eigenlijk nog over dat ze toen niet zeiden: "Joh, alles leuk en aardig, maar waar ben je eigenlijk mee bezig? Bekijk het lekker, we komen niet."'

Tijdens de huwelijksplechtigheid ontstond er nog grote hilariteit toen de volledige naam van Kraay jr. werd uitgesproken: Hans Herman. Direct stond getuige Frank Worthington op: 'What? Hans Herman? Do you hear that, he's a fucking German!'

Het huwelijk tussen Hans Herman Kraay jr. en zijn eega Gilian zou negen jaar duren. Er zou een prachtige dochter uit voortkomen, Melissa. Dus spijt? Nee, dat heeft hij nooit gehad van zijn beslissing om te trouwen. Maar vreemd was het natuurlijk wel. 'Met terugwerkende kracht durf ik nu wel te stellen dat ik wilde opvallen. Dat kwam voort uit frustratie. Al die blessures, de transfer naar PSV die niet doorging. Ik droom er nog weleens over, van Kees Rijvers die me op komt halen voor PSV, zo diep zit dat. Ik was altijd maar die B-speler, geen Neeskens of Van Hanegem, terwijl ik zo graag net zo goed als hen had willen zijn. Dus nam ik me voor om op een andere manier op te vallen. Laat het duidelijk zijn: ik hield echt van Gilian en heb nergens spijt van. Maar iets minder bravoure in die tijd had ook gekund.'

13

Kiezen voor het geld (2): RKC

Waarin Hans Kraay jr. in een fietsenstalling moet voetballen, problemen krijgt met een seksclubeigenaar en zijn salaris naar bijstandsniveau ziet zakken.

In de zomer van 1985 verruilde Hans Kraay jr. Goldstone Ground, de thuishaven van Brighton, voor het Olympia Sportpark van RKC. De voornaamste reden: een vijfjarig contract, een spierwitte Mercedes en een hoekhuis in Drunen. Drunen-Noord om precies te zijn, Eikstraat 31.

Onder de supporters bij Brighton mocht Kraay jr. zich in een grote mate van populariteit verheugen. Reden voor hem om in zijn tweede contractjaar een salarisverhoging te eisen: een bonus van tienduizend pond netto. Frank Worthington, getuige op zijn huwelijk, had dezelfde eisen bij de clubleiding neergelegd. Ze kregen nul op het rekest. Op dezelfde ochtend waren ze in het kantoor van de manager ontboden: Worthington om half elf, Kraay jr. een half uur later. 'Maar ik zag Frank al om vijf over half elf met een bedrukt gezicht die kamer uitkomen. Hij hoefde niks te zeggen om de boodschap duidelijk te maken: er viel niks te halen.'

In diezelfde periode informeerde RKC bij Kraay jr. De Waalwijkse club speelde in 1985 pas een jaar betaald voetbal, maar timmerde behoorlijk aan de weg. Geld – zwart of wit, daarover deden verschillende versies de ronde – was geen probleem dankzij een vermogende sponsor: koppelbaas en seksclubeigenaar Piet van der Pennen. Trainer Leen Looyen zocht een agressieve aanjager op het middenveld. Op zijn lijstje prijkten twee namen: Hans Kraay jr. en Cor Lems. Met wie Van der Pennen zou komen aanzetten was Looyen om het even.

Teleurgesteld door de afwijzing viel de komst van een delegatie van RKC in Brighton precies op het juiste moment. In de war door de serieuze belangstelling uit Nederland belde Kraay jr. zijn vader op voor advies. 'Pa zei: "Vraag een paar gekke dingen om ze af te schrikken, dan zijn ze zo weer weg."' Maar dat gebeurde niet. Wat Kraay jr. ook vroeg, het was geen probleem. 'Ik vroeg een vijfjarig salaris. Kon geregeld worden. Een auto? Stond al op me te wachten. Een huis? Geen punt. Tja, toen moest ik 's avonds tegen mijn vrouw zeggen: "Schat, we are going to Waalwijk."'

Toen de overgang definitief was en in de openbaarheid was gekomen, schreef een supporter van Brighton, ene Mr. C. Hopper, een brief aan de *Evening Argus*: 'What a shame the club didn't try harder to keep the popular Hans Kraay, a player who always gave 100 percent in whatever position he played and who, incidentally, was only on the losing side once, and even in that game, he scored.'

Zijn vertrek voelde niet goed, eigenlijk meteen al niet. Aan de andere kant: tegen dit aanbod kon hij simpelweg geen nee zeggen. Hij stond op het punt om vader te worden en voelde steeds nadrukkelijker de verantwoordelijkheid van het onderhouden van een gezin en in Waalwijk zouden ze de komende vijf jaar onder de pannen zijn. Althans, dat dacht hij. Eenmaal verhuisd naar Drunen reed hij met zijn vrouw naar het Olympia Sportpark, dat vanwege zijn kleine tribunes in de voetbalwereld 'de fietsenstalling' werd genoemd. 'Mijn vrouw zei: "Goh, wat een mooi trainingscomplex. Goed gedaan, Hans. Maar waar is het stadion?" God, wat een lul was ik. Ik dacht dat ik heimwee had. Pff, heimwee… Eerst met mijn grote mond trouwen en daarna heimwee krijgen. Als ik toen ergens naartoe terugwilde was het Brighton wel. RKC was verschrikkelijk. Daarmee heb ik een gedeelte van mijn huwelijk verkloot. Ik was met mijn stomme kop van het paradijs naar de fietsenstalling gegaan. En ik had mijn gezin meegesleurd.'

Trainer van RKC was Leen Looyen, een kleine man met een grote zonnebril, die volgens Kraay leed aan het Napoleon-complex. 'Ik kwam aanrijden met mijn witte Mercedes. Op hetzelfde moment zie ik de trainer zijn Peugeot 206 uit stappen. Hij zei me niet eens gedag. Looyen was blind van jaloezie. Vanaf dat moment heeft hij me alleen nog maar "dingetje" genoemd, nooit meer bij mijn naam. En alleen maar omdat ik een grotere auto had dan hij. Het was net Napoleon, die tegen maarschalk Ney zei: "U bent dan wel langer, maar ik ben groter." Wat een vreselijke man, die Looyen.'

Wat de herstart van Kraay jr. in Nederland ook niet soepeler maakte, was het feit dat de pers de reputatie van Kraay jr. nog helder op het netvlies had staan. Was hij in Engeland de gevierde Hardhitter Hans, in Nederland gold hij nog steeds als die dwaas die op jonge leeftijd al vijf rode kaarten achter zijn naam had staan, inclusief een schorsing van vierentwintig wedstrijden; een straf die bij zijn terugkomst overigens al was gereduceerd tot vier duels.

Kraay jr. kon zich er nauwelijks tegen verdedigen. 'De eerste paar weken zal ik goed nadenken wat ik doe in het veld,' beloofde hij in interviews. Maar al tijdens een oefenwedstrijd tegen Roda Sport vergat hij al zijn goede voornemens. Een supporter spuugde hem bij een inworp in zijn nek. Daarna ontstond een matpartij. Na afloop moest Kraay jr. onder begeleiding naar zijn auto worden gebracht.

Het was overigens het enige incident dat seizoen waar Kraay jr. bij betrokken was. Hij zou voor RKC zeventien wedstrijden spelen en slechts één keer worden geschorst. Looyen gebruikte hem voornamelijk als hangende rechtsbuiten, een positie die Kraay jr. totaal niet lag. 'Maar dat was zijn manier om mij te pesten,' vermoedt hij. 'Bij wedstrijdbesprekingen noemde hij tien namen. "En dingetje speelt op rechts," zei hij dan. Achteraf had ik Looyen in een donker steegje eens flink onder handen moeten nemen. Maar ja, zo'n stoere jongen was ik nou ook weer niet. Ik raakte steeds gefrustreerder. Het plezier in het voetbal, in het leven, raakte ik bij RKC volledig kwijt.'

Dat de sponsoren niet met de betalingen over de brug kwamen maakte het humeur van Kraay jr. er in die tijd niet beter op. Zijn contract bestond uit drie pijlers: een salaris, een huis en een auto. Voor elk onderdeel was een afzonderlijke sponsor verantwoordelijk, maar niemand kwam zijn afspraken volledig na. Zodoende was het elke maand maar weer de vraag of zijn salaris zou worden gestort. Soms gebeurde dat wel, soms ook niet. Hetzelfde gold voor de huur van het huis aan de Eikstraat. Niet zelden moest Kraay jr. de huur zelf voorschieten. De geldzorgen zorgden voor spanningen in het jonge gezin, waar Gilian net was bevallen van een dochter: Melissa.

Voor de Mercedes was koppelbaas en seksclubeigenaar Piet van der Pennen verantwoordelijk. Hij was geen man die je snel tegensprak, al was het maar omdat hij meer dan tweehonderd kilo woog. Door zijn kolossale gewicht moest Van der Pennen bij wedstrijden met een liftje omhoog getakeld worden om bij zijn zitplaats te komen en als hij de trainer wenste te spreken, ook al was die met de training bezig, dan reed hij met zijn auto dwars over de velden om zich vlak voor de trainer af te laten zetten. Kraay jr.: 'Overal op het veld waren dan de sporen van die auto te zien. Maar niemand durfde daar iets van te zeggen. Piet betaalde, dus bepaalde. Een gouden voetbalwet.'

Dat de helft van zijn 150 man personeel zwart werkte, was bij iedereen genoegzaam bekend. Ook bij journalisten. Maar zij die daarnaar informeerden, kregen het dringende verzoek hun pogingen tot onderzoeksjournalistiek te staken. Anders zou Van der Pennen zijn 'bruine jongens', de lijfwachten, langs laten komen. De enige die daar niet van onder de indruk raakte, was Johan Derksen. Van der Pennen gaf hem ooit te verstaan dat hij een positief verhaal wilde over RKC, en dat was hem veel waard. 'Wat wil je?' vroeg hij de verslaggever van *Voetbal International*. 'Op mijn kosten naar het bordeel? Moet ik je huis laten verbouwen of wil je gewoon geld?' Het antwoord van Derksen bracht de lijvige zetbaas zowaar uit zijn evenwicht. 'Mag het ook alledrie?' Derksen kreeg nadien nog weken politiebescherming.

Ondanks zijn twijfelachtige reputatie was Van der Pennen een graag geziene gast in Waalwijk. Met een van zijn bedrijfjes stond hij ingeschreven bij de Kamer van Koophandel als WvW, Weldoener van Waalwijk. Hij hield wel 150 man aan de vreet, zoals dat heette, en liever dat hij zijn vermogen in voetballers stak dan in die meisjes uit Oostbloklanden. Van der Pennen mocht dan wel een grote mond hebben, als het erop aankwam had hij een klein hartje. Werd er bijvoorbeeld door iemand een muis aangetroffen op het kantoor, dan moest iedereen van het beestje afblijven. Op straffe van ontslag. Zo was Piet dan ook wel weer.

Op datzelfde kantoor moest Hans Kraay jr. elke laatste vrijdag van de maand een enveloppe ophalen bij Van der Pennen. Of hij zijn geld daadwerkelijk kreeg, was elke keer maar weer de vraag. Had RKC gewonnen, dan was er niets aan de hand. Maar o wee als zijn ploeg er met de pet naar had gegooid, dan was er met de Weldoener van Waalwijk geen land te bezeilen. 'Het was afschuwelijk. Ik zat daar als een klein kind op zijn aannemersbedrijf, te hopen dat ik mijn geld zou krijgen.'

Kraay jr. herinnert zich dat op een van die vrijdagmiddagen plotseling een belastinginspecteur aan de balie van het bedrijf stond. 'Piet kreeg telefoon. Hij zei: laat hem maar binnenkomen, zet hem in de ontvangstruimte en geef hem vooral koffie, heel veel koffie, hopelijk moet-ie dan snel naar de wc. Overal in zijn kantoor hingen camera's. Toen die man na twee uur eindelijk naar de wc ging, gaf Piet direct de opdracht om de pallets te laten binnenrijden. In no-time werd de toiletdeur gebarricadeerd. "Prettig weekend," werd er nog geroepen naar die man en iedereen ging naar huis. Die belastinginspecteur heeft het hele weekend opgesloten gezeten in de wc. In de tussentijd kon de boekhouding worden bijgewerkt. Dat soort ervaringen ontnam mij de moed om tegen Piet in te gaan.'

Toen zijn bedrijf alsnog werd doorgelicht, bleek er rijkelijk te zijn gefraudeerd. Ook kwam aan het licht dat Van der Pennen de spil was in een zwartgeld-affaire bij RKC. Toen hij naar de gevangenis werd gebracht moest er vanwege zijn omvang van twee cellen één cel worden gemaakt. Tot kort voor zijn dood woog Van der Pennen 130 kilo. De Weldoener van Waalwijk overleed in 2008 op 63-jarige leeftijd.

Publiek kwam er nauwelijks naar de fietsenstalling met zijn schemerlampinstallatie. In een interview in het programmaboekje van RKC constateerde Kraay jr. bedroefd: 'Zou RKC ergens in Engeland spelen, dan zou het stadion te klein zijn. Maar wij spelen in Waalwijk en er zijn hier nogal wat mensen die op zondagmiddag hun amateurclub niet in de steek laten. Namens de spelers wil ik de supporters bedanken die wel elke zondag komen kijken.'

Kraay jr. hield het na één jaar voor gezien bij RKC. Aan het einde van het seizoen klapte de gespannen relatie met Leen Looyen. Met een plek op de reservebank in het vooruitzicht vloog Kraay jr. zijn trainer aan tijdens de wedstrijdbespreking. Met de woorden: 'Je hebt mijn leven tot een hel gemaakt, ongelofelijke minkukel die je bent,' verliet Kraay jr. het Olympia Sportpark van Waalwijk om er nooit meer terug te keren.

In de jaren nadien werd hij nog bijna dagelijks herinnerd aan zijn tijd bij RKC. 'Ik stond rood en had schulden. Er kwamen geregeld deurwaarders op bezoek. Die hele periode was een nachtmerrie. Dankzij RKC heb ik tot mijn dertigste op bijstandsniveau geleefd.'

14

Trainers, wat heb je eraan?

Waarin Hans Kraay jr. met zijn auto te water raakt, de boetepot van EVV Eindhoven spekt en zijn trainer in bad verzuipt.

Van bijna elke trainer leerde Hans Kraay jr. wel iets waar hij later als trainer in het amateurvoetbal zijn voordeel mee zou doen. Van Simon Kistemaker bijvoorbeeld hoe je een ploeg op scherp zet en van Chris Cattlin dat je voetbal simpel moet houden. Er was echter één trainer van wie Kraay jr. helemaal níets begreep en dat was Theo Verlangen, zijn oefenmeester bij EVV Eindhoven. 'Wat een bak ellende heb ik met die man meegemaakt,' verzucht hij.

Volgens Kraay jr., die van 1987 tot 1990 bij Eindhoven speelde, lag dat vooral aan de merkwaardige trainingsvormen die Verlangen erop nahield. 'Als we hem vanuit de kleedkamer met honderden meters lint en kleine doeltjes in de weer zagen, wisten we voldoende: Theo heeft er weer een soort zeskamp van gemaakt, zeiden we dan tegen elkaar. Voor de training riep hij ons bij elkaar. "Mannûh," zei hij met zijn Haagse accent, 'we gaan partijen vandaag. Ik *legt* de regels aan jullie uit: bal tussen de grote palen: één punt. Bal van achter de zestien meter: twee punten. Dan zien jullie midden in het veld ook nog twee kleine goaltjes staan. Kom je die onderweg tegen, schiet het balletje er gerust in, daar krijg je drie puntjes voor. Pak je toch lekker mee, niet dan?' En zo ging het maar door. Niemand snapte er nog wat van, met al die linten en doelen. Overal op het veld ontstonden discussies: Was het nou 14-6 of toch 9-23? Het was één grote chaos.'

Verlangen had van 1977 tot 1983 bij FC Groningen gewerkt. Daar sloeg zijn werkwijze wél aan. Met de provincieclub was hij kampioen van de eerste divisie geworden en had hij zich in 1982 gekwalificeerd voor Europees voetbal. Een ongekende prestatie, die hem de bijnaam 'Theo de Topper' opleverde. Het succes bij zijn eerste club kon Verlangen echter nergens meer evenaren. Toen hij als trainer van Cambuur in 1985 niet verder kwam dan een negende plaats in de eerste divisie veranderde zijn bijnaam in Friesland in 'Theo de Tobber'.

Toch vond het bestuur van Eindhoven Verlangen de juiste man voor de opdracht om 'een stukje broodvoetbal' in de ploeg te brengen. In 1988 was er al lang niets meer te vieren geweest aan de Aalsterweg. Het deed speler Rob Koster een beetje cynisch verzuchten dat hij zijn baard zou laten staan tot aan het moment dat Eindhoven een periodetitel pakte. 'Kijk maar uit,' had Kraay jr., gevat als altijd, opgemerkt. 'Dat zei Jo Jansen twaalf jaar geleden ook.'

Met de komst van de 37-jarige René van de Kerkhof, de 36-jarige doelman André van Gerwen en de 33-jarige Joop Böckling zette de tweede club van Eindhoven in op een kortetermijnsucces. Om de groep klaar te stomen voor de competitie belegde Verlangen een trainingskamp in Maastricht, waar hij zijn spelers flink over de kling joeg: dagelijks twee keer trainen en 's avonds een oefenwedstrijd. 'Na drie dagen waren sommige spelers zo afgetraind dat ze een salto in een tl-buis konden maken,' aldus Kraay jr.

Als beloning mochten de spelers, die door Verlangen steevast met 'Mannûh' werden aangesproken, na drie dagen op stap. De oefenmeester had zijn woorden nog niet uitgesproken of Kraay jr. stond al klaar met zijn Snoek Citroën om met zijn ploeggenoten naar de discotheken van Hasselt te rijden. 'We moesten van Verlangen 's avonds om twaalf uur terug zijn. Hij zou er persoonlijk op toezien dat dat ook gebeurde. Wie toch te laat was, zou van hem een boete van tweehonderd gulden krijgen. Ik zei: "Mannûh, de Snoek staat met zijn neus richting Belgische grens, op naar Hasselt!" Nou, dat werd me toch een wereldavond. Biertje hier, meisje daar. De tijd vlóóg. Om vijf over half twaalf vroeg René van de Kerkhof geschrokken aan me hoe laat het eigenlijk was. In die discotheek heb ik toen iedereen bij elkaar geroepen. "Mannûh," zei ik, "we hebben een probleem: we gaan twaalf uur waarschijnlijk nét niet halen. We kunnen nu twee dingen doen: tweehonderd gulden betalen omdat we één minuut te laat zijn óf tweehonderd gulden betalen omdat we drie uur te laat zijn." We gingen uiteraard vrolijk door. Om vijf uur 's morgens kwamen we aan bij de oprijlaan van het hotel. En wie zagen we daar in de verte zitten, op het terras met uitzicht op de vijver? Inderdaad, Theo de Topper. Carlo de Leeuw waarschuwde nog: "Hans, pas je op voor die vijver?" Maar ik reed die auto zo het water in. Verlangen boos natuurlijk. Drijfnat kwamen we bij hem aan. Of het een probleem was dat we die tweehonderd gulden met natte papiertjes betaalden, wilde De Leeuw weten. En ik hoor René nog zeggen: "Sorry trainer, dit was de enige Snoek die niet kon zwemmen."'

Eindhoven begon de competitie spectaculair met een 6-3 zege op DS'79, maar daarna trad het verval in. Na acht duels bezette Eindhoven een teleurstellende veertiende plaats. De fans van de club behoorden nou niet bepaald tot het soort dat bij het minste of geringste op de barricaden klom, maar de slechte prestaties onder Verlangen schoten zelfs hen in het verkeerde keelgat.

Al snel hingen er spandoeken met teksten als 'Theo go home'.

Hoe Verlangen ook zijn best deed, er was gewoon geen klik tussen hem en de groep. Een deel van de selectie was daarom achter de rug van de trainer om naar het bestuur gestapt om over de situatie te praten. Het bezoek had effect: een dag later werd Verlangen op straat gezet. Hoewel Kraay jr. aanvoerder was, behoorde hij vreemd genoeg niet tot dat gezelschap. De voorstopper had op de eerste trainingsdag namelijk zelf al zijn zegje gedaan bij Verlangen. Hoefde hij zich achteraf tenminste geen Farizeeër te voelen. 'Ik heb hem toen een hand gegeven en gezegd: "Ik ben de enige die het niet in uw komst zag zitten." Ik had hem in de jeugd van Feyenoord al meegemaakt en wilde eerlijk zijn.'

Na Verlangen kwam Jacques de Wit, die op zijn beurt weer werd opgevolgd door Mario Verlijsdonk. Met Verlijsdonk had Kraay jr. nog samengespeeld. Waar hijzelf het liefst de kortste weg naar het doel zocht, precies zoals hij dat in Engeland had geleerd, was Verlijsdonk het type voetballer dat te allen tijde voor de voetballende oplossing koos. 'Hij was de man van de driehoekjes, liefst nog in een vol strafschopgebied. Terwijl ik dan al de bal richting de vrouw van de voorzitter op de hoofdtribune had getrapt. Mario was een aardige man, maar toen hij trainer werd wist ik al: dit gaat mis.'

En mis gíng het. Precies om de reden waar Kraay jr. al voor had gevreesd. 'Ik had een behoorlijke lange bal, ze waren misschien wat lang onderweg, maar ze kwamen wel regelmatig aan. Maar Verlijsdonk vond dat helemaal niks. Die wilde van achteruit opbouwen. Tijdens Eindhoven-Helmond Sport zag ik hem bij elke pass van mij zijn hoofd schudden. Ik raakte daar zo geïrriteerd over dat ik op een gegeven moment naar hem riep: "Haal me er dan uit, klootzak!" Ik zag meteen de verzorger het bord met nummer 4 pakken. Ik heb er toen een heel toneelstuk van gemaakt. Ik begon op mezelf te wijzen. Nummer 4? Ik? Ik was zo link dat ik op weg naar de kleedkamer een deur uit zijn voegen heb geschopt. In de kleedkamer had ik twintig minuten de tijd om te bedenken wat ik zou gaan doen met Verlijsdonk. Ik heb eerst het bad laten vollopen en daar al zijn kleren in gedonderd, met geld en al. Vervolgens ben ik gaan badderen. Daarna hoorde ik in de verte de noppen op de vloer tikken. Ik ben om het hoekje van de kleedkamerdeur gaan staan en precies op dat moment hoorde ik Verlijsdonk zeggen: "Nou, dat gaat stukken beter zonder die Kraay." Ik heb hem zonder na te denken beetgepakt, meegesleurd de doucheruimte in en hem zo met zijn kop in het bad onder water geduwd. De voorzitter kwam geschrokken kijken. Die vroeg zich af: wat is hier aan de hand? Hup, die ging ook meteen in bad.'

Voor het eerst sinds lange tijd werd Hans Kraay jr. weer eens op *Studio Sport* genoemd. 'Mart Smeets bleef heel droog. Hij zei alleen maar: "Het is lang stil geweest rond Hans Kraay jr., maar vanavond heeft hij zijn trainer verzopen in bad. Ik wens u nog een prettige avond."'

Een dag later werd Kraay jr. op staande voet ontslagen.

15

Vriendschap in het voetbal

Waarin Hans Kraay jr. in een schnabbelende ceremoniemeester zijn evenbeeld treft, merkt dat pornofilms een beproefd motivatiemiddel zijn en als vogelverschrikker het kampioenschap viert.

Nog op de avond van het badincident met FC Eindhoven-trainer Verlijsdonk rinkelde bij Kraay jr. thuis in Gameren de telefoon. 'Kraay, Simon Kistemaker hier. Ik hoorde op tv dat je je trainer hebt verzopen. Ik ben de enige trainer in het betaalde voetbal met een badmuts, dus kom je hierheen?'

Vrienden heeft Kraay jr. nooit gehad in de voetballerij, hooguit kennissen. Maar één man vertrouwde hij blindelings: Simon Kistemaker. In wezen trof Kraay jr. in de trainer zijn evenbeeld. Kistemaker had altijd mensen om zich heen, maar diep van binnen was hij een einzelgänger. Iemand die na de dood van zijn vrouw gordijntjes in zijn auto had laten ophangen, zodat hij niet in een leeg bed hoefde te liggen, maar in zijn auto kon blijven slapen. En voor de buitenwereld mocht Kistemaker dan bekend staan als een volksmenner, eenmaal thuis luisterde hij het liefste in zijn eentje naar muziek van Beethoven. 'Ik ben een adelaar, die vliegt altijd alleen,' typeerde Kistemaker zichzelf. 'Veel trainers kijken en luisteren naar anderen. Het zijn net mussen, die zie je ook vaak in zwermen door de lucht gaan.'

Volgens Kraay jr. is Kistemaker 'de eerlijkste man van de wereld'. In *Voetbal International* zei hij in 1990 over zijn trainer: 'Ik heb het goed naar mijn zin in het leven, alles wat ik doe vind ik leuk, maar ik heb een negatief mensbeeld. Hier bij De Graafschap ben ik echter iemand tegengekomen die ik als een goede kennis ben gaan beschouwen. Hij zei zelfs: "Ik ben je vriend. Ik weet dat je helemaal niemand vertrouwt in de voetballerij, maar ik ben je vriend."'

Met Peter Hofstede en Jurrie Koolhof als koningskoppel voorin, Jan Vreman, Chris Trentelman en Erik Redeker als jongens van de streek en Kraay jr. als slot op de deur, beschikte Kistemaker over een no-nonsense-elftal waarin het publiek in de Achterhoek zich herkende. De trainer hoefde maar van de bank op te staan en het publiek begon al 'Simon, Simon' te scanderen. Hij deed dat meestal als de ploeg niet draaide. Sommige journalisten, zoals Johan Derksen, typeerden hem daarom als 'een schnabbelende ceremoniemeester', maar spelers gingen voor 'De Kist' door het vuur. Kraay jr.: 'Simon kon je een onoverwinnelijk gevoel geven. Als bij De Graafschap in de kleedkamer het belletje ging om naar het veld te komen, schreeuwde hij: "Zitten blijven!" Als iemand dan voorzichtig zei: "Ja maar trainer, Ajax staat al te wachten," brulde hij: "Zitten blijven, zeg ik. Het is óns stadion, óns veld, ónze wedstrijd. Laat ze maar koukleumen in de gang. Wíj bepalen hoe laat we beginnen."'

Met hartstochtelijk voetbal reeg het zelfmoordcommando van Kistemaker de zeges aaneen en het stadion was elke wedstrijd met meer dan 10.000 toeschouwers stijf uitverkocht. Het was Kraay jr. die de term 'boerenbruiloft' voor die avonden verzon. Lachend: 'En als iemand verstand van bruiloften had, dan was ik het wel.' Tegelijk introduceerde hij, in een interview met *De Gelderlander*, de geuzennaam Superboeren bij De Graafschap. 'De supporters werden er gek van dat ze overal werden uitgemaakt voor boeren. Ik zei: "Dat moet je juist koesteren.

Met 'voetbalvader' Simon Kistemaker, zijn trainer bij De Graafschap. 'Simon is de eerlijkste man ter wereld.'

Jullie zijn geen boeren, maar superboeren." Die uitdrukking is nog steeds van kracht. Daar ben ik best trots op.'

Bij die Superboeren was niks te gek. Op weg naar uitwedstrijden duwde Kistemaker steevast een pornofilm in de videorecorder. Vlak voor het einde zette hij de film op stop. De rest van de film mochten ze zien als ze drie punten zouden pakken. Kennelijk werkte de truc, want De Graafschap verloor geen wedstrijd in seizoen 1990/'91. Maar het échte geheim van de Superboeren school in de sfeer die Kistemaker rondom de ploeg had gecreëerd. 'Elke vrijdag bleven we hangen in het spelershome, waar Tante Lien achter de bar stond. Die vrouw was 68 of zo, maar ook zij paste helemaal in dat plaatje van de boerenbruiloft. De gehaktballen van Lien waren een begrip in de regio, daar kon geen chateaubriand tegenop. Kistemaker bleef dan ook gerust hangen. Dan begon hij te vertellen over voorzitter Anton van Kooten, die als varkensfokker een voortreffelijk zakenman was, maar van voetbal geen kaas had gegeten. Daar ergerde Simon zich groen en geel aan. Hij was eens bij die varkensfokkerij van hem op bezoek geweest. Een medewerker vroeg toen aan Simon: "Waar is Anton?" Daarop antwoordde Simon: "O, die herken je zo. Van Kooten is het enige varken met een hoed op."'

Ook de bejaarde buschauffeur die De Graafschap naar de uitwedstrijden vervoerde was op die vrijdagmiddagen steevast gespreksonderwerp. 'Die reizen werden verzorgd door Morren Busreizen. Die meneer Morren had allerlei jong personeel in dienst, maar wilde zelf per se De Graafschap rijden. Dat vond-ie mooi. Maar het was Simon een doorn in het oog. Die man liep al tegen de 65 en raakte vaak de weg kwijt en reed verschrikkelijk langzaam. Zo langzaam dat Kistemaker in een interview eens opmerkte dat hij nu snapte hoe dat zat met die tiendaagse reizen van Morren naar Benidorm: "Vijf dagen heen, vijf dagen terug." Eigenlijk kan dat natuurlijk niet, een sponsor op die manier te kijk zetten, maar Kistemaker kon alles maken.'

De Kist was een gepassioneerde trainer die hield van hard

werken. Geregeld gooide hij er na een zware wedstrijd een fikse conditietraining tegenaan. Niemand zeurde daarover. Of beter gezegd: durfde daarover te zeuren, want aan gezanik had Kistemaker een broertje dood. Verdediger Erik Redeker was eens met het zweet in zijn handen naar het kantoortje van zijn trainer gegaan, omdat hij zijn basisplaats had verloren. 'Wat mot je?' vroeg De Kist met zijn karakteristieke bromstem. 'Heb je je salaris niet gehad? Wel? Nou, wat doe je hier dan? Oprotten!'

Eigenlijk was Kistemaker zijn tijd ver vooruit. Het woord bestond nog niet, maar hij was een echte people's manager: midden in de groep als het kon, maar de baas als het moest. Die recht-door-zee-aanpak sloeg aan bij De Graafschap. Als hem in interviews werd gevraagd waarom hij nooit een topclub had getraind, riep Kistemaker: 'Ik ben een topper, maar allerlei klootviolen krijgen een club.' Die eerlijkheid voerde Kistemaker ver door. Toen hij getuige was op de bruiloft van Kraay jr. en de ambtenaar van de burgerlijke stand vroeg of er nog iemand bezwaren had tegen het huwelijk, stak Kistemaker doodleuk zijn hand op. 'Hij vond mijn tweede vrouw he-le-maal niks. Dat zei-ie dan ook gewoon. Maar hij wilde het feest ook niet bederven, dus zette hij maar zijn handtekening en bestelde daarna een pot bier. "Kraay," zei hij dan, "ik kom voortaan alleen nog maar op je oneven bruiloften."'

Kistemaker stelde hoge eisen. Aan anderen, maar vooral aan zichzelf. Hoe beter Kraay jr. Kistemaker leerde kennen, hoe meer hij zag welk mens er achter het masker van genadeloze bullebak schuilde. Kistemaker had zijn eerste vrouw aan kanker verloren. Om dat verlies te verwerken was hij naar Australië verhuisd, waar hij Brisbane Roar onder zijn hoede had. De Kist was een binnenvetter, soms sloegen zijn privé-sores letterlijk naar binnen en lag hij dagenlang op bed met migraineaanval-

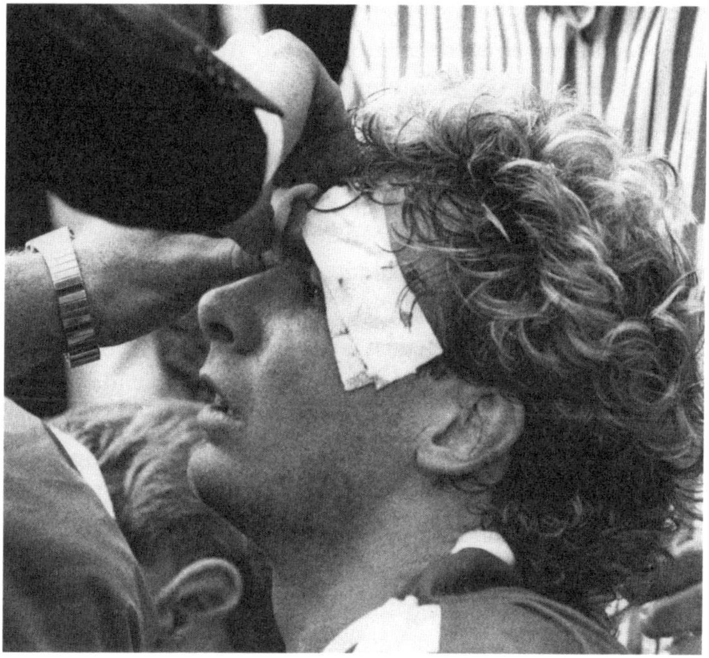

Kraay jr. kon uitdelen, maar ook incasseren. Hier als prof van De Graafschap. © Freddy Schinkel

len. Bij De Graafschap had Kistemaker bij toeval het medicijn Imigran ontdekt. Een wondermiddel: na een half uur trok de pijn als vanzelf weg en was De Kist weer De Kist. 'Die pillen kosten dertig gulden per stuk. Dus voor ik hem doorslik zuig ik er een tijdje op, anders is het zo zonde van het geld hè?' lachte hij. Maar Kraay kende de pijn achter die glimlach.

Velen vroegen zich af of dat wel zo'n goede combinatie was, die toch al licht ontvlambare Kraay jr. samen met de fanatieke Kistemaker. Feit is dat Kraay in de twee jaar dat hij voor De Graafschap speelde nooit een rode kaart kreeg. De reden daarvoor was volgens hem simpel: 'Ik vond het gewoon te leuk bij De Graafschap, ik wilde geen wedstrijd missen.' Wel speelde Kraay jr., opgejut door Kistemaker, op en soms over het randje van het toelaatbare. Zo had de thuiswedstrijd tegen Feyenoord, in het tweede seizoen van Kraay jr. in Doetinchem, weinig meer met voetballen te maken gehad. De onverbeterlijke verdediger hield twaalf hechtingen over aan de duels met John de Wolf. De volgende dag wijdde Jan Mulder zijn column in *de Volkskrant* aan Kraay jr.

Kraay jr.: 'Ik belde meteen naar de krant, werd ik direct doorverbonden met Jan Mulder zelf. Ik zei hem: "Ik wilde je even bedanken voor je column, ik heb genoten." Ik hoorde Mulder zuchten aan de andere kant van de lijn. "Jij bent dus nóg dommer dan ik al dacht." Aan het einde van het gesprek vroeg ik hem of hij misschien ook wist tegen wie Youri volgend weekend stond. Dat was dus De Graafschap. Ik zei tegen Jan: "Nou, wens hem alvast een fijne wedstrijd, want ik hark hem de tweede ring in! Dag Jan!"'

In het seizoen 1990/'91 werd De Graafschap in de wedstrijd tegen Helmond Sport kampioen. In de laatste minuut wilde Kraay jr. nog à la Gerrie Mühren de bal zes keer hooghouden. Na twee keer plofte de bal op de grond. Gelukkig voor de verdediger bleef hoongelach hem bespaard, omdat na zijn mislukte actie direct het fluitsignaal klonk: De Graafschap kampioen! 'Maar toen ik in de kleedkamer was, bleek er niets geregeld. Geen bloemen, geen champagne. De Graafschap was een mooie club, maar er liepen een paar ontzettend gierige mensen rond, van voorzitter Van Kooten tot onze kledingsponsor Ben Klaassen. Die twee waren zo zuinig dat we vermoedden dat ze in hun tuin stonden te blaffen om een hond uit te sparen. Iedereen was buiten aan het feesten, maar ik zat in de kleedkamer. Ik besloot om een schaar te pakken en alle pakken langs te gaan. Bij de één knipte ik een mouw af, bij de ander zijn kraag en weer een ander zijn pijpen.'

Bij zijn eigen pak had Kraay jr. de schaar er kriskras in gezet, zodat hij er 's avonds bij de huldiging in de stad als een vogelverschrikker bij liep. 'Die Ben Klaassen was woedend geworden. Een pak kostte zeshonderd gulden, ik had dus voor meer dan tienduizend gulden vernield. "Zo kunnen we niet naar de burgemeester," riep hij. Maar op het Simonsplein, in het centrum van de stad, stonden 30.000 man op ons te wachten. Hij had geen keus.'

De spelers van De Graafschap werden die avond toegesproken door toenmalig burgemeester Fokkens, volgens Kraay 'een hockeybal die niet wist of er zand of lucht in een voetbal zat'. 'Die toespraak was een drama. "Bedankt veur jullie prettige spel, ik heb eneurm genoten met m'n vrinden," zei hij met zo'n bekakt stemmetje. Voor de spelers had hij nog een presentje in petto, het cadeaupapier zat er nog omheen. Ik mocht als laatste. Die burgemeester stelt mij nog voor als "de aanjager van de hele rits" en toen kreeg ik de microfoon. Ik riep tegen het publiek: "Zijn jullie ook zo benieuwd wat wij van de burgemeester hebben gehad?" Iedereen joelen natuurlijk. "O, het is een kookwekker." Ik kreeg de smaak te pakken. "Ho, wat doe ik nu," riep ik, "ik laat per ongeluk de kookwekker vallen. En o, ik ga er per ongeluk nog op staan ook." De burgemeester trok wit weg, die stond geweldig voor lul. In de hoek zag ik Simon met zijn handen op zijn knieën slaan. Die kon ik opvegen.'

16

Kiezen voor het geld (3): svv/Dordrecht'90

Waarin Hans Kraay jr. bijna wordt uitgehuwelijkt aan een voorzittersdochter, nooit meer in Saarbrücken durft te komen en koploper wordt van een discutabel klassement.

In vergelijking met RKC-suikeroom Piet van der Pennen was Cees den Braven eigenlijk een brave borst. Voor een boerenzoon met alleen lagere school had Den Braven het niet slecht gedaan. In 1992 was hij eigenaar van een kitbedrijf, waarmee hij in zesenvijftig landen zaken deed. Aan ingewikkelde marketingstrategieën had 'Cees Kits' een broertje dood. Zijn visie was simpel: 'Overal ter wereld wordt gebouwd, dus overal ter wereld hebben ze kit nodig. Marketingonderzoek afgesloten.'

Die instelling had Den Braven geen windeieren gelegd. Den Braven Sealants in Oosterhout draaide in 1992 een omzet van ongeveer 250 miljoen. In de ontvangstruimte van het bedrijf had Den Braven daarom een borstbeeld van zichzelf laten neerzetten.

Den Braven was een vermogend man, een miljonair, die er twee hobby's op nahield: postzegels verzamelen en een voetbalclub runnen. Die voetbalclub heette DS'79, in 1979 een zieltogende club die als negentiende in de eerste divisie was geëindigd. De financiële injectie van Den Braven had meteen resultaat, want een seizoen later won DS'79 een periodetitel en zaten er gemiddeld 2500 mensen op De Krommedijk. De kitkoning veranderde niet alleen eigenhandig de clubkleuren van DS'79, maar ook de naam. DS'79 heette voortaan Dordrecht'90. De naamswijziging moest de nieuwe start van de voetbalclub onderstrepen.

Den Braven gold als een voortreffelijk zakenman, maar had ook de reputatie van een brokkenpiloot. De fusie in 1991 met SVV was bijvoorbeeld zo'n beslissing waarmee hij zijn hand zou overspelen. Bij SVV was zijn zakenvriend John van Dijk de baas. De Schiedammers speelden in de eredivisie, maar hun stadion, het armetierige Harga, werd door de KNVB afgekeurd. Van Dijk dreigde al zijn investeringen te verliezen en klopte daarom aan bij zijn vriend uit Oosterhout. Binnen een paar uur – Den Braven hield nou eenmaal niet van lange vergaderingen – was de deal rond: beide selecties zouden worden samengevoegd en in ruil voor haar proflicentie zou SVV aan de Krommedijk kunnen spelen. Een huzarenstukje van Den Braven: in één klap was Dordrecht'90 een eredivisieclub geworden: De Schiedamse Voetbal Vereniging Dordrecht'90.

Kraay jr. had er weliswaar net twee geweldige jaren bij De Graafschap opzitten, maar zijn inkomen in Doetinchem hield niet over. Volgens Simon Kistemaker, de trainer van De Graafschap, zou het wel goed komen met dat salaris. Hij wist nog wel een paar sponsoren die wilden bijleggen. Maar eerst ging hij op vakantie: vissen in een onherbergzaam oord in Ierland. Alleen in geval van nood kon Kraay jr. hem bellen.

Precies in die vakantie van Kistemaker werd Kraay jr. uitgenodigd bij Den Braven thuis, in zijn villa in Schelluinen. Hij kreeg een riant aanbod. 'Den Braven zei: "Je krijgt een salaris van 70.000 gulden. En vind je een Mercedes mooi?" Er was één voorwaarde: ik moest diezelfde avond nog beslissen, want Den

Braven was niet iemand die lang onderhandelde. Ik heb mijn vader toen gebeld. Hij zei: "Vraag er nog 15.000 bij." Dus ik terug naar Den Braven. "Zeg maar tegen je vader dat ik er nog tienduizend gulden bij doe en dat is mijn eindbod," antwoordde hij. Zijn dochter liep ook in het huis rond. Ze was bloedmooi, maar getrouwd met een of andere B-acteur uit Amerika. Den Braven vroeg doodleuk: "Is dat niks voor jou, die dochter van mij? Niet dat ik jou zo'n geweldige kerel vind, maar alles beter dan die pornoacteur waarmee ze nu gaat." Ik had die avond alleen nog maar oog voor zijn dochter. Voor de helft van het geld was ik ook naar Dordrecht gegaan.'

Nog diezelfde avond belde Kraay jr. naar de pub in Ierland waar Simon Kistemaker verbleef. De Kist was niet alleen zijn trainer, maar ook zijn vriend geworden. Na een half uur had de pubeigenaar Kistemaker gevonden, ergens bij een meertje waar hij net zijn hengel had uitgegooid. 'Kraay, wat is er? Heb je bijgetekend?' bulderde Kistemaker aan de andere kant van de lijn. 'Wat? SVV/Dordrecht'90. Laat je me godverdomme daarom helemaal hiernaartoe komen? Eikel dat je er bent.' Voor de derde keer in zijn leven koos Hans Kraay jr. voor een vet salaris. Ook de derde keer zou hij van een koude kermis thuiskomen.

Al snel kreeg Kraay jr. door dat het bij SVV/Dordrecht'90 één losgeslagen bende was. Niet alleen had het publiek nauwelijks binding met de fusieclub en was de selectie veel te groot, trainer Han Berger had ook nog eens de grootst mogelijke moeite om de orde te handhaven. Met straatjongens als Robin Schmidt, Romano Sion, Jantje Mulder – hij werd in 1999 schuldig bevonden voor doodslag op een autohandelaar en verdween voor zeven jaar in de gevangenis – en Peter Barendse, beschikte Berger nou niet bepaald over een selectie met ideale schoonzonen. 'Ik heb Berger tijdens de lunch weleens met zijn handen voor zijn gezicht zien zitten, radeloos was hij. "Wat moet ik met dit zooitje ongeregeld?" riep hij dan uit.' Het was Wild West aan de Krommedijk.

Dat er andere fatsoensnormen bij svv/Dordrecht golden werd Kraay jr. al direct duidelijk toen de ploeg zich in de voorbereiding had verschanst in de heuvels van het liefelijke Saarbrücken. Met afschuw denkt hij terug aan het trainingskamp. 'In vijf dagen hebben we daar vijfendertig serveersters versleten, niemand wilde ons meer bedienen. Als zo'n meisje de soep neerzette, werd met een vork haar rokje omhoog geprikt. En als de ober de bestelling kwam opnemen, kreeg hij als dank de Hitlergroet. In de bus, op de terugweg, vroeg Berger vlak voor de grens: "En jongens, wat hebben we meegenomen uit het hotel?" Nou, toen begon het... De één opende een tas vol zilveren bestek. De ander kwam met vijfentwintig badjassen aan. Weer een ander had wekkerradio's meegenomen. Daarna vroeg Peter Barendse of de chauffeur even wilde stoppen, zodat hij het bagageruim kon openen. Iedereen stond met zijn neus tegen het raam gedrukt. Barendse pakte zo een kleuren-tv uit dat rek, twee bij twee meter groot was dat ding. En hij wilde nog terug ook naar dat hotel in Saarbrücken. Hij was de afstandsbediening vergeten.'

Hoewel Kraay jr. niet bepaald op zijn mondje was gevallen, vervulde hij geen vooraanstaande rol in de selectie van svv/Dordrecht'90. Dat was gewoonweg onmogelijk. Slechts één keer vroeg hij in een volle kleedkamer om aandacht. Hij had schoon genoeg van het grove taalgebruik. '"Kankerlijer, ik schop je voor je kankerkop, je bent een kankerlijer," dat soort zinnen waren schering en inslag. Ik heb toen gezegd: "Er liggen hier even verderop in het ziekenhuis jongetjes van acht dood te gaan aan die ziekte, ik pik het niet langer. De eerste de beste die ik het woord kanker nog hoor gebruiken, die pomp ik hoogstpersoonlijk door de kleedkamer." Het werd doodstil, ik heb ze daarna niet meer gehoord. Niet omdat ze bang voor me waren, maar wel omdat ze doorhadden dat ik het meende.'

Het was in deze periode dat Kraay jr. zich langzaam los begon te maken van het machogedrag in de kleedkamer. 'Deze ploeg stond symbool voor de wereld waarin ik leefde. Altijd maar stoer doen. Alles wat op hakken voorbijkwam moest je nakijken, anders was je een mietje. Zeggen dat je het thuis leuk had met je vrouw en kinderen was een doodzonde. Ik was 32 en was daar wel een beetje klaar mee.'

Dat Kraay jr. zich steeds meer begon te onttrekken aan de mores in de voetbalwereld betekende niet dat het hem in één keer lukte om daarmee af te rekenen. In Dordrecht verviel hij keer op keer weer in zijn oude gedrag: het schoppen en intimideren van tegenstanders. Daaraan ten grondslag lag dat Han Berger hem het liefste op het middenveld posteerde en niet op de door Kraay jr. geprefereerde liberopositie. 'Ik dacht: we zijn degradatiekandidaat, we houden het hok lekker dicht met een laatste man dertig meter achter zijn verdediging. Maar Berger zag dat anders. Moest ik wéér achter de spelmaker aanrennen die veel beter was dan ik. Verschrikkelijk.'

De uitwedstrijd tegen Feyenoord vormde het sportieve dieptepunt van die periode. 'Berger had me buiten de basis gelaten, terwijl er allerlei kennissen naar deze wedstrijd waren gekomen. Ik baalde als een stekker. Ook al omdat ik met mijn stomme kop voorafgaand aan de wedstrijd bij TV Rijnmond een beetje stoer had lopen doen met Barendse en Mulder. Het was echt zo'n voetbalinterview geweest. We zouden Feyenoord weleens aanpakken, we waren voor niemand bang, dat soort teksten.'

Door een blessure van een ploeggenoot had Kraay jr. vlak voor rust toch nog in het veld moeten komen. Zijn eerste balcontact, na drie seconden, was een handsbal: gele kaart van scheidsrechter Jef van Vliet. Kraay jr. hield zich na afloop groot ('volgens mij hebben ze een fout gemaakt en is Jef naar Carré gestuurd en Paul naar De Kuip, lachwekkend dit'), maar diep van binnen schaamde hij zich dood. Nog altijd is hij koploper in het klassement van snelste gele kaart ooit. 'De hele Kuip lag in een coma van het lachen. Eerst zo'n interview geven en dan dit. Een afgang. Ik had mijn lesje wel weer geleerd: ophouden met dat stoere gedrag.'

Buiten het veld was het ook onrustig bij SVV/Dordrecht'90. Bijna elke week was er wel commotie om uitspraken van Den Braven. Dan weer had hij de donkere spelers van de club beledigd ('Het zijn bajesklanten, drugsgebruikers en gespuis'), dan weer had hij ruzie gekregen met John van Dijk (die uiteindelijk het veld zou ruimen) en dan weer was hij leeggelopen tijdens een interview. Over de BV Nederland bijvoorbeeld, waar volgens hem wel wat te verbeteren viel. Zo waren er volgens Den Braven in 1992 helemaal geen vierhonderdduizend werklozen in Nederland. 'Misschien honderdduizend met een verkeerde opleiding. We hebben verder alleen maar werkschuwen,' liet hij optekenen. Hij had daarna een boze brief van een 55-jarige man ontvangen die hem schreef dat hij door zijn leeftijd geen werk kon krijgen, maar wel graag wilde. Den Braven nam hem direct aan. Zo was Cees Kits dan ook wel weer.

Ook bij Dordrecht'90 – de KNVB ging in september 1992 akkoord met het schrappen van de toevoeging SVV – leidde het personeelsbeleid van Den Braven tot hilarische taferelen. Toen Jantje Mulder bij Den Braven op kantoor moest komen om te praten over contractverlenging ging Kraay jr. mee. Binnen drie minuten stonden ze weer buiten. 'Er lag een bal in die kamer. Hij zei: "Jantje, hou jij die bal eens hoog." Het was een klein kantoor, drie bij drie of zo. Jan begint hoog te houden, een keer, twee keer, drie keer, vier keer, vijf keer en toen stuiterde de bal van zijn voet. "Nou Jantje," zei Den Braven toen, vijf keer hooghouden, "dat is dan een contract voor vijf jaar. Teken hier maar."'

Niet zelden kreeg Kraay jr. na afloop van een verloren wedstrijd van Den Braven te horen: 'Goh Hans, wat was jij slecht vandaag.' Maar de voetballer kon het wel hebben van zijn voorzitter. '"Biertje Cees?" vroeg ik dan maar. Ik had wel een klik met hem. Goed was goed en slecht was slecht bij hem. Hij lulde er niet omheen.'

Den Braven leidde Dordrecht'90 als zijn eigen kitbedrijf. Toen de salarissen niet op tijd werden betaald, dreigden de spelers de vakbond VVCS in te schakelen. Het werd oorlog. 'Oplazeren kunnen ze,' riep Den Braven tegen wie het maar horen wilde. 'De vakbond komt mijn terrein niet op. Al moet ik ze er hoogstpersoonlijk uitgooien.'

Kraay jr. zag het met lede ogen aan. 'Ik zat ook te vloeken toen ik mijn geld niet op tijd kreeg. Aan de andere kant: Den Braven moest wel 140.000 gulden uit eigen zak betalen als garantie aan de KNVB. Zonder hem zou de club helemaal niet meer hebben bestaan.'

Het paste al met al wel bij het rumoerige jaar dat Dordrecht'90 dat seizoen degradeerde. En eigenlijk gaf niemand er wat om, spelers noch supporters. Het cynisme had zich als een gezwel binnen de club genesteld. 'Die twee supporters hadden wel wat moeite met het uitrollen van het doek,' schamperde trainer Han Berger bijvoorbeeld, toen Den Braven de supporters van de club een gigantische vlag had geschonken.

Het was Berger nauwelijks kwalijk te nemen, hij was volledig murw gebeukt. Terwijl hij zijn ziel en zaligheid in de club stak, spraken spelers openlijk uit dat ze liever rechtstreeks degradeerden. Een nacompetitie spelen zou hun vakantieplannen in de war schoppen. En na een verloren wedstrijd tegen MVV, waarin Berger vijf spelers op de bank had gezet, vond hij op de parkeerplaats zijn auto zwaar beschadigd terug. Eén keer moest Berger zelfs de politie inschakelen toen Romano Sion weigerde om weg te gaan uit de kleedkamer. Niemand keek er meer gek van op.

Na een jaar Dordrecht'90 was Kraay jr. zielsgelukkig dat hij naar Telstar kon, terug bij zijn vriend Simon Kistemaker. Daar hoefde hij niet bang te zijn dat er in de kleedkamer achthonderd gulden uit zijn portemonnee zou worden gestolen, zoals hem in Dordrecht was overkomen. 'Als ik onder de douche mijn haren stond te wassen, durfde ik nauwelijks mijn ogen dicht te doen,' besluit hij de periode Dordrecht'90. 'Voor je het wist werd je geript. Afschuwelijk. Ik heb geen idee wie dat toen heeft gedaan, zelfs geen vermoeden. Het kon echt iedereen zijn geweest.'

17

Homo's bestaan niet in het voetbal

Waarin Hans Kraay jr. 'de Romario van Dordrecht' verwelkomt, leert dat niet elke bever kan zwemmen en een taboe in het voetbal wil doorbreken.

Vlak voor de winterstop had Dordrecht'90 nog maar negen goals gemaakt en dus moest de selectie hoognodig worden versterkt met een spits. Dat werd John de Bever, die overkwam van FC Netezonen uit de Belgische Tweede Klasse Provinciaal. Nou niet bepaald een garantie voor doelpunten, maar Han Berger durfde de gok wel aan. Tenslotte gold de Brabander wel als de beste zaalvoetballer ter wereld. In een speciaal voor hem gearrangeerd oefenpotje had De Bever bovendien twee doelpunten gemaakt. Hij kreeg direct een contract. Geheel volgens de opportunistische wetten van de voetballerij zei Berger dat zijn nieuwe spits weleens 'de openbaring van de eredivisie' kon gaan worden.

De Bever was een kleurrijke voetballer. Als 15-jarige had hij al een hitje gehad met het door Vader Abraham geschreven nummer 'Als ik later eens trouw'. Hij was altijd wel goed voor een paar spectaculaire uitspraken. Meteen bij zijn entree in het betaalde voetbal doken de journalisten daarom op De Bever af. 'Misschien ben ik wel te eerlijk voor het profvoetbal,' gaf hij als reden voor zijn late debuut als profvoetballer. 'Ik kan geen ja knikken als ik nee denk.' Dat was niet helemaal waar. Uitgerekend De Bever droeg een groot geheim met zich mee: hij was homo.

Het merkwaardige was dat de meeste spelers van Dordrecht'90, Kraay jr. incluis, dat eigenlijk wel wisten. Of op zijn minst hadden ze een sterk vermoeden. De Bever kwam nooit met een vriendin naar feestjes en uit het artiestencircuit sijpelden ook de geruchten door. Maar bij Dordrecht'90 vroeg niemand iets. En De Bever hield zijn mond.

Waarom zou hij ook eerlijk zijn? Bij Dordrecht'90 heerste nou niet bepaald een cultuur waarin je eerlijk over je geaardheid kon zijn. Bovendien was er nog nooit een voetballer uit de kast gekomen. Ja, in Engeland, Justin Fashanu. Maar zijn ontboezeming had zoveel commotie teweeggebracht dat hij zijn club Nottingham Forest had moeten verlaten. De Bever hield zich daarom gedeisd. Pas jaren later, na een interview in *Sportweek* en nadat hij in het huwelijk was getreden met zijn vriend en manager Kees Stevens (en de roddelbladen en showbizzprogramma's daar uitgebreid melding van maakten), wist iedereen wat velen in de voetballerij al vermoedden: De Bever viel op mannen.

De Bever zou nooit worden geaccepteerd bij Dordrecht'90. Dat had niets met zijn geaardheid te maken, maar wel met zijn grote mond. Zonder ooit in de eredivisie te hebben gespeeld beloofde hij de fans van Dordrecht'90 meteen al tien goals. Hij vergeleek zichzelf met Romario en zou zijn nieuwe club gaan behoeden voor degradatie. Er kwam niets van terecht. Kraay herinnert zich alleen nog het debuut van De Bever, uit bij Ajax. 'We trapten af en John begon meteen aan een solo. Hij passeerde Rijkaard alsof die er niet stond, daarna passeerde hij De Boer en vervolgens stond hij alleen voor Van der Sar. Die redde uiteindelijk.

Maar we dachten toen allemaal: die gaat er écht twintig maken. Maar het was de laatste keer dat hij überhaupt in de buurt van een keeper kwam. John was een hele goeie zaalvoetballer, geen eredivisiespeler.'

Zijn teamgenoten bij Dordrecht'90 vonden De Bever maar een rare praatjesmaker. En als hij die grote mond nou had waargemaakt, oké, maar De Bever schopte nog geen deuk in een pakje boter. En dus had hij een groot probleem. Rondom het trainingsveld van Dordrecht'90 lag een sloot. Toen de spits na vijf wedstrijden op rij nog steeds niet had gescoord, werd hij tijdens een training in die sloot gegooid. Eenmaal weer boven water, duwden ze hem opnieuw kopje onder. 'Vreemd,' riep Robin Schmidt, 'John is de enige bever die niet kan zwemmen.' Waarna Peter Barendse opmerkte: 'En voetballen kan-ie ook al niet.' Niemand kende genade voor De Bever met zijn praatjes. Ook Berger liet de man, voor wie hij een paar weken eerder nog een glansrijke toekomst had voorzien, vallen als een baksteen. 'Ach ja,' schamperde de trainer, toen hij aan die opmerking werd herinnerd, 'je moet toch wat roepen als je onderaan staat en je krijgt er een aanvaller bij.'

Nog voor het einde van het seizoen leverde De Bever zijn contract in bij Den Braven. Hij ging weer in België voetballen en zat er niet lang mee, met dat mislukte avontuur bij Dordrecht'90. 'Ik ben toch mooi de enige speler geweest die zich in de eredivisie heeft geluld,' lachte hij.

De Bever had ook de eerste speler kunnen zijn die voor zijn geaardheid was uitgekomen, maar zover is het nooit gekomen. Zelf zei hij daar later over: 'Ik straalde het kennelijk niet uit. Aan veel homo's zie je dat ze homo zijn. Die gaan opeens verwijfd praten. Als voetballer ging ik geen duel uit de weg. Mensen dachten kennelijk als ze mij zagen spelen: die kan geen homo zijn.'

De enige medespeler die het ooit rechtstreeks aan hem had gevraagd was Warry van Wattum. De Bever had zijn vraag weggelachen: 'Waarom wil je dat weten, Warry? Zoek je soms een vriend?'

Als De Bever destijds uit de kast was gekomen, zou hij in een hel zijn beland, is de stellige overtuiging van Kraay jr. 'De tijd was er niet rijp voor.' Nu kijkt hij er heel anders tegenaan. 'We kunnen al ik-weet-niet-hoelang naar de maan reizen, maar homo's in de voetballerij bestaan niet. Onzin. Natuurlijk bestaan ze wel, dat kan niet anders. Ik ken de geruchten, maar wie ben ik om namen te noemen? Misschien is het niet zo, misschien wel. Maar dan zullen ze daar eerst zelf mee naar buiten moeten komen. Als ik als trainer van een speler weet dat-ie homo is, dan zou ik nu, met al mijn levenservaring, zeggen: "Ik sta achter je, ga het maar vertellen, ik ben erbij en ik laat je nooit vallen." Waarom zou dat niet kunnen? Wie gaat zo'n jongen vertellen dat-ie geen homo mag zijn? Dan wordt hij maar uitgefloten. Ik hoop dat zo'n jongen dan zegt: "Kom maar op, fluit maar, liever dat dan een leven lang toneel moeten spelen." Ook al was het pas na zijn carrière, John de Bever was tenminste wel eerlijk. Voor mij is hij een echte kerel.'

18

Omgaan met vedetten (2): Louis van Gaal

Waarin Hans Kraay jr. Finidi George welkom heet in Nederland, een oefenwedstrijd laat ontsporen, op de koffie mag komen bij Louis van Gaal (en alweer heel snel buiten staat).

Als je zeventien jaar betaald voetbal hebt gespeeld is het welhaast onmogelijk om geen vijanden te hebben gemaakt, zelfs niet voor een behagende boogschutter als Kraay jr. Met de meesten van hen sloot hij gaandeweg weer vrede, óók met Mario Verlijsdonk en scheidsrechter Wil de Vrieze. Maar één man bleef altijd boos: Louis van Gaal.

Een oefenwedstrijd tussen Telstar en Ajax, die volledig was ontspoord dankzij Van Gaal en Kraay jr., lag daaraan ten grondslag. Laatstgenoemde was in 1993 naar Telstar verhuisd om onder Simon Kistemaker nog een fijne oude dag als voetballer te beleven. Geen geschop meer, had de 32-jarige Kraay jr. zichzelf voorgehouden, maar fijn een meter of dertig achter de verdediging de lijnen uitzetten en laten zien dat hij wel degelijk een goede voetballer was. Telstar had voor Kraay jr. zelfs een transfersom op tafel gelegd: 17.562 gulden. Een kolderiek bedrag, omdat voorzitter Chris B. van der Zwan, nooit te beroerd voor een practical joke, erop had gestaan die 62 gulden uit eigen zak aan Cees den Braven te betalen.

Met Kistemaker en Kraay jr. moest er weer leven in de brouwerij komen in Velsen-Zuid. Met de komst van de gezworen vrienden werd er in elk geval weer gelachen bij De Witte Leeuwen. Om Maurice Rayer bijvoorbeeld, de 21-jarige voorstopper van het elftal. Rayer had een nogal pikant interview gegeven in het *Dagblad van Noord-Limburg*, doorspekt met menselijke vleeswaren. Zo had hij onder meer geroepen: 'Een vaste relatie? Rot een eind op. Ik loop nog steeds mijn pik achterna.' Een paar dagen later had in dezelfde krant een ingezonden brief gestaan van een mevrouw. 'Pikje, zul je bedoelen,' stond er in die brief. 'En ik kan het weten, want ik ben zijn ex-vriendin.'

Een beetje humor kon Telstar in die dagen wel gebruiken. Zowel sportief (Telstar was als laatste geëindigd in de eerste divisie) als financieel (er was nauwelijks nog publiek geïnteresseerd in de club) was het armoe troef op sportpark Schoonenberg. Met een oefenwedstrijd tegen Ajax, als afsluiter van de Open Dag, had Telstar in de zomer van 1993 zowaar weer eens negenduizend man in zijn vervallen stadionnetje kunnen begroeten.

Helaas voor de belangstellenden op de tribune stond Telstar al binnen twintig minuten met 2-0 achter. Het was een mooie zomeravond, niets aan de hand. Kraay jr.: 'Totdat wij twee lichte overtredingen maakten op het middenveld en Van Gaal als een bezetene uit zijn dug-out kwam rennen. Waar wij in 's hemelsnaam mee bezig waren? Hoe durfden wij zíjn spelers zo aan te pakken? Het was Van Gaal op zijn irritantst. Ik was he-lemaal klaar met die man.'

De arme Finidi George, die net was geland uit Nigeria en zijn eerste wedstrijd voor Ajax speelde, werd het slachtoffer van de frustratie van Kraay jr. Deze torpedeerde de aankoop met bal en al over de zijlijn, vlak voor de dug-out van de verhitte Ajax-trainer. 'Vloog Van Gaal weer op me af. God, wat ergerde ik me aan die man. Gevolg was dat we gingen spelen alsof we in de finale van de FA Cup stonden. We knokten ons terug tot 2-2. In de rust zei Simon: "Jongens, ik geniet van jullie, maar kan er een klein schepje bovenop?" Op dat moment kwam Van Gaal onze kleedkamer binnenstormen. Op dat kenmerkende toontje van hem zei hij: "Dit heeft niets met vriendschappelijk voetbal te maken, Simon Kistemaker en Hans Kraay jr.!" Dat moet je dus niet bij De Kist doen. Die ging pal voor Van Gaal staan en bulderde: "Van Gaal, twee dingen. 1: vriendschappelijk voetbal bestaat niet. En 2: opgedonderd uit mijn kleedkamer, nu!" Dat vonden wij als spelers geweldig.'

Later, toen Kraay jr. al was gestopt als voetballer en voor SBS6 werkte, bezocht hij Van Gaal in Barcelona voor een reportage rondom de thuiswedstrijd tegen Compostela. In het begin van Kraay jr.'s carrière als tv-maker had Van Gaal zijn items nooit kunnen waarderen. Zijn spelers bij Ajax hadden hun trainer ooit gevraagd of de wedstrijdbespreking voortaan om kwart over een mocht beginnen, zodat ze om een uur nog naar de capriolen van Kraay jr. in *It's my Life* konden kijken. Dat sták Van Gaal, vermoedt Kraay jr. 'Van Gaal gooide dan theatraal zijn armen in de lucht en riep: "Wie is hier nou belangrijker, Hans Kraay jr. of Louis van Gaal?" Het kon er bij hem niet in dat de spelers míjn item interessanter vonden dan zíjn bespreking. Maar mooi dat de bespreking werd verplaatst.'

Eenmaal op bezoek in Barcelona was dat oud zeer als sneeuw voor de zon verdwenen. Met dank aan Kraay jr.'s toenmalige vrouw Claudia, van wie Van Gaal bijzonder gecharmeerd was. 'Met haar erbij was het geen enkel probleem om in het spelershome van Barcelona te komen. Van Gaal heeft nota bene nog met haar staan dansen op de tafel. Maar toen ik hem later tegenkwam, liep hij me straal voorbij. Ik zei nog: "Hé Louis, je kent me toch nog wel?" Maar niet dus.'

Op bezoek bij Louis van Gaal in Barcelona. 'Ik vind Louis van Gaal echt een afschuwelijke man.'

Daar kwam later nog een ongelukkig interview na de bekerwedstrijd tussen AZ en MVV bij. Een live interview, maar dat wist Van Gaal niet. 'Terwijl de camera al draaide, vroeg hij me: "Kun je me aan mijn goede kant filmen?" Ik dacht nog: welke goede kant dan? Maar het was te laat om in te grijpen. Dat was een beetje ongemakkelijk. Van Gaal vindt nog steeds dat ik hem had moeten zeggen dat het live was.'

In diezelfde periode ging het definitief mis tussen Van Gaal en Kraay jr., die de trainer wilde uitnodigen voor een uitzending van *Voetbal International*. 'Door Wilfred Genee en Johan Derksen was namelijk gezegd dat dat nooit zou lukken. Nou, dan begin ik het pas leuk te vinden. Ik dacht: weet je wat, ik bel Truus gewoon op en vraag of zij Louis zover kan krijgen om bij ons aan tafel te komen zitten. Ze zei: "Hij haat jullie, vooral jou en

Johan, maar hij kijkt wel elke maandag. Als-ie zondag wint, dan heb je best kans dat hij het doet. Bij Louis moet je de dingen altijd even voorkoken, het moet bij hem vallen, ik ga mijn best doen."'

AZ won die zondag en opnieuw belde Kraay jr. met Truus. 'Volgens haar moest ik ervoor zorgen dat ik de volgende dag om half elf bij de training stond, dan zou alles goed komen. Het regende pijpenstelen en Louis liep me weer eens straal voorbij, maar na afloop nodigde hij me toch uit voor een kopje koffie. Hij zei: "Hans vertel, wat wil je van me?" Ik mocht nog net mijn koffie opdrinken en toen stond ik alweer buiten. Hij zei: "Truus? Die heeft mij helemaal niks verteld! Ik kom niet bij jullie aan tafel. Nu niet, vanavond niet, nooit niet!" Vanaf dat moment wist ik het zeker: ik vind Louis van Gaal echt een afschuwelijke man. Wel een hele goede trainer trouwens, dat vergeet ik er nooit bij te zeggen. Louis en Truus horen dat nooit, jammer. Maar meer ook niet.'

19

Makelaar voor één dag

Waarin Hans Kraay jr. kroegbaas wordt in De Vliert, dirigent van de M-Side en makelaar van Ruud van Nistelrooy.

Honderden talenten zag Hans Kraay jr. voorbijkomen in zijn carrière, maar hen aan dezelfde ontgroening onderwerpen als die hij zelf kreeg, heeft hij nooit gedaan. Niet dat hij een trauma of iets dergelijks aan die beproevingen had overgehouden, het zat gewoon niet in zijn karakter. Kraay jr. is een sociaal persoon, een 'we-denker', zoals hij dat zelf noemt, en als voetballer was dat niet anders.

Bij al die talenten die Kraay jr. meemaakte, was er heel af en toe een die er direct bovenuit stak. Die niet alleen veel beter was dan de rest, maar zijn kwaliteiten ook koppelde aan een onbegrensde drive om te winnen. Toen hij in 1995 als 35-jarige routinier bij FC Den Bosch te maken kreeg met ene Ruud van Nistelrooy, een jongen van amper 19 jaar, voorvoelde Kraay jr. meteen: dat is er eentje, een echte. Het was hem na welgeteld tien minuten duidelijk geworden. 'Ik kende dat hele ventje niet, maar wat me bij de eerste training van het seizoen meteen opviel was dat hij tijdens het partijtje de hele tijd alle ballen vroeg. En als ik hem de bal inderdaad gaf, dan deed hij er iets beters mee dan ik. Iets wat al snel het geval was trouwens. Maar dat vragen om de bal bleef de hele training doorgaan. Hans, Hans, Hans, riep-ie maar.

Het was vooral de manier waarop hij opendraaide waaraan je zag dat hij iets speciaals had. Hij deed me heel erg aan Van Basten denken. Die had ook van die losse enkels, waarmee hij, hup, zó weg kon draaien. Ruud was een groot talent, maar ook een leuke, frisse Brabantse jongen, zonder vervelende maniertjes.'

Dat Kraay jr. in 1995 bij FC Den Bosch belandde, was eigenlijk helemaal niet de bedoeling. Voetballen was hobby geworden, Kraay jr. concentreerde zich in die tijd vooral op zijn werk bij Veronica, waar hij presentator was van *Het Voetbalcafé* en maker van hilarische filmpjes, die onder de titel *It's my Life* werden uitgezonden. Voor zo'n item was hij op een middag in De Vliert beland, het onbehaaglijke onderkomen van FC Den Bosch met zijn grote sintelbaan. De club stond twee wedstrijden voor het einde van de jaargang 1994/'95 met slechts zes punten op de laatste plaats in de eerste divisie. Over deze benarde positie wilde Kraay jr. van gedachten wisselen met de voorzitter, Jan Schouten. Maar het gesprek kreeg al snel een onverwachte wending.

'Gezellig hier hè, voorzitter?' begon Kraay jr. het interview, wijzend op de sintelbaan, die een bres sloeg tussen publiek en spelers. De preses liet zich niet uit het veld slaan door de ietwat badinerende vraag van Kraay jr. en antwoordde: 'Weet je wat het is, Hans? Dit stadion is een kroeg. En deze kroeg moet weer vol.'

Kraay jr. moest wel lachen om de beeldspraak van de voorzitter en borduurde daarop voort: 'Een sintelbaan tussen de bar en de gasten schiet niet echt op hè. Wat moet er nou gebeuren om de tent weer aan de gang te krijgen?'

Schouten: 'Wat wij nodig hebben is een goeie kroegbaas. En weet je wie een goeie zou zijn? Jij!'

Kraay jr. keek verschrikt op: 'Meent u dat nou? Maar ik werk fulltime voor televisie. Ik kan nog maar twee keer trainen.'

Schouten: 'Dat is geen probleem. Is er verder nog iets?'

Kraay jr.: 'En de trainer dan? Zou u niet eerst even met hem overleggen?'

Met draaiende camera's werd trainer Chris Dekker gebeld. Die zag het wel zitten, de komst van een routinier als Kraay jr. tussen al het jonge grut. Bovendien: slechter dan het huidige seizoen was onmogelijk. Er móest wat gebeuren bij FC Den Bosch en volgens Dekker was Kraay jr. de ideale gangmaker. De presentator wilde, diep in zijn hart, het liefst nog een jaar voetballen. Ach, wat kon hem het ook schelen? 'Weet je wat,' zei hij tegen Schouten, 'ik doe het, maar wel voor nul gulden.' En zo werd Hans Kraay jr. in het seizoen 1995/'96 speler bij FC Den Bosch.

Niet iedereen was daar blij mee. Toen Kraay jr. na zijn bezoek in Den Bosch zijn baas in Hilversum inlichtte, slaakte John de Mol een diepe zucht. 'Je haalt Oranje niet meer Hans, hoe vaak moet ik je dat nog vertellen?' Maar Kraay jr. wilde van geen wijken weten. 'Ik vond het voetbal nog te leuk om los te laten en van Dekker mocht ik 35 meter achter mijn verdediging spelen. Hij maakte me meteen aanvoerder.' Om achteraf geen gezeur en geroddel achter zijn rug om te krijgen, klom Kraay jr. op zijn eerste werkdag in De Vliert op de bar van het spelershome. 'Hier staat jullie aanvoerder en die gaat twee keer per week trainen, omdat hij fulltimewerk bij de tv heeft,' riep hij. 'Wie daar problemen mee heeft, mag nu zijn vinger opsteken en anders wil ik je niet meer horen.' Niemand zei iets. Zo stond Kraay jr. meteen sterk. Dát was ervaring.

Het eerste optreden van Kraay jr. met FC Den Bosch was een oefenwedstrijd in De Vliert, tegen het Spaanse Espanyol van trainer José Antonio Camacho, die als speler de bijnaam 'Het Scheermes' had vanwege zijn gemene overtredingen. FC Den

Bosch-Espanyol werd, hoe kon het ook anders met zo'n trainer, één grote schoppartij, waarbij met name Van Nistelrooy het zwaar te verduren kreeg. Als antwoord op het geschop ging Kraay jr. nóg harder tekeer tegen de Spanjaarden, hetgeen de onderlinge sfeer op het veld er bepaald niet beter op maakte. Het werd zelfs zo onvriendelijk dat plotseling Camacho voor Kraay jr. stond. 'Midden op het veld! "You loco, you loco," schreeuwde hij tegen mij. Ik vroeg hem: "Are you the brother of Camacho?"' Wat een figuur! Als iemand loco was geweest als speler, dan was hij het wel. Achteraf denk ik nog weleens: als hij goed op onze nummer 10 had gelet, dan had hij Ruud van Nistelrooy toen mooi voor een prikkie kunnen ophalen. Maar Camacho moest zich zo nodig druk maken om de 35-jarige libero van Den Bosch.'

Het werd een prachtig seizoen voor Hans Kraay jr., het beste uit zijn carrière zelfs. Zaten er een paar maanden eerder nog maar een paar honderd betalende toeschouwers in De Vliert, nu was het stadion bij de eerste competitiewedstrijd weer grotendeels vol. FC Den Bosch bleef maar winnen en winnen en Kraay jr. speelde zijn rol als kroegbaas met verve, precies zoals voorzitter Schouten dat voor ogen had.

Er gebeurde altijd wel wat in De Vliert. Zo was er die thuiswedstrijd tegen MVV toen FC Den Bosch een strafschop werd onthouden door Roelof Luinge en de M-Side, de harde kern van Den Bosch, een massaal 'Roelof, Roelof, je moeder is een hoer' aanhief. Kraay jr: 'Roelof riep zich bij me. "Ik ben niet kinderachtig, Hans," zei hij, "maar dat over mien moeder moet stopp'n. Anders ga ik stak'n." Ik antwoordde: "Roelof, ik regel dat wel." Vervolgens trok ik tijdens de wedstrijd een sprint naar de M-side, dwars over de sintelbaan. De steward opende het hek, zodat ik in één ruk door kon lopen naar de fans. Even later stond ik tussen de M-side, vrolijk te dirigeren. "Jongens, nu allemaal: hij is een hon-de-lul." Na een paar minuten ben ik weer teruggegaan naar het veld, naar Roelof, om te zeggen dat het geregeld was. Er werd niets meer over zijn moeder gezongen.'

Ruud van Nistelrooy genoot volop van die gekke Kraay jr. met zijn rare streken. In die jaren was de man die later furore zou maken bij Manchester United en Real Madrid nog een beetje bleu, en ook als voetballer moest zijn glorietijd nog komen. In de drie seizoenen dat Van Nistelrooy bij FC Den Bosch speelde, scoorde hij slechts zeventien goals in negenenzestig wedstrijden. Al snel kreeg Kraay jr. door dat die gretige jongen zichzelf soms in de weg zat met zijn karakter. Kraay jr. merkte dat als Van Nistelrooy op vrijdag tijdens het afsluitende partijtje niet had gescoord, er geen land meer met hem te bezeilen was. Een dag later werd het dan ook meestal niks, was zijn ervaring. Toen Kraay jr. dat patroon doorkreeg, nam hij hem na de training vaak nog even apart. '"Kom, gaan we nog even afwerken, Ruud." Als-ie dan na de zestiende keer de bal in de winkelhaak had gerost, stopten we ermee. Dan was Ruud weer helemaal het mannetje.'

Jaren later, toen Kraay jr. als verslaggever langs het veld bij Oranje stond, zou hij merken dat Van Nistelrooy nog geen spat was veranderd. 'Had hij gescoord, dan kon ik alles vragen. Maar o wee als dat niet het geval was, dan stond zijn wereld even stil. Die drive heeft hem zo ver gebracht. Ruud is een echte.'

In de laatste weken van hun gezamenlijke seizoen bij FC Den Bosch worstelde Van Nistelrooy met de aanbieding die de club hem had gedaan. Zij wilden de aanvaller langer aan zich binden en boden hem een vierjarig contract aan. Van Nistelrooy wendde zich tot Kraay jr. voor advies: 'Ruud zou een salaris krijgen van 45.000 gulden, oplopend tot 60.000, en een Fiat Panda geloof ik. Ik zei hem direct: niet doen, wegwezen hier. Voor *It's my*

Life kwam ik geregeld bij trainers over de vloer. Ik heb Martin Jol, toen Roda JC, getipt. Maar die vond Ruud ongeschikt voor de eredivisie. Ik heb Arie Haan van Feyenoord getipt. Maar Arie had er geloof ik liever nog zestien Argentijnen bij. Alleen Dirk Scheringa twijfelde, maar toen was het al te laat. Foppe en Riemer hadden toegeslagen.'

Van Nistelrooy presteerde in Heerenveen zo goed dat hij al na een jaar kon tekenen bij Anderlecht of Glasgow Rangers. Opnieuw vroeg hij zijn oude voetbalvriend, die al gestopt was met betaald voetbal, om raad. Kraay jr. kreeg een telefoontje toen hij op weg was naar Londen om zijn dochter te bezoeken. 'Geef me een half uurtje, Ruud. Dan bel ik je zo terug,' zei hij, ter hoogte van Calais, om vervolgens bij zijn vader het nummer van Harry van Raaij op te vragen. De PSV-voorzitter nam meteen op. Kraay jr.: 'Ik zei tegen Van Raaij: u heeft altijd goed naar de oude Kraay geluisterd, nu moet u voor één keer naar de jonge Kraay luisteren. Van Nistelrooy gaat voor 12 miljoen naar Anderlecht of Glasgow Rangers. Straks moet u 20 miljoen voor hem betalen, neem hem nu.'

Aan de andere kant hoorde Kraay jr. Van Raaij twijfelen. 'Hans junkske, ik zou het graag doen, maar ik heb daar iemand voor in dienst die daarvoor gestudeerd heeft, Frank Arnesen, en die heeft zijn twijfels over Van Nistelrooy. We doen het niet.' Maar nog diezelfde avond belde Van Raaij terug. 'Hans, we doen het wél. Geef mij zijn nummer maar, ik doe het op eigen houtje.' Twee dagen later was de deal tussen Heerenveen en PSV rond.

Ook zonder de hulp van Kraay jr. zou Van Nistelrooy de stap naar de absolute top hebben gemaakt, benadrukt Kraay jr. 'Ik ga niet pretenderen dat ik de ontdekker van Van Nistelrooy ben, of zijn vriend, of zijn voetbalvader, want dat ben ik niet en bovendien kon zelfs een blinde papegaai zien dat hij over uitzonderlijke kwaliteiten beschikte. Over Miss World ga je toch ook niet discussiëren of het een lekker wijf is? Zo was het met de kwaliteiten van Van Nistelrooy ook.'

In 2001 werd zijn oude ploegmaat voor een recordbedrag van 67 miljoen gulden (30,4 miljoen euro) verkocht aan Manchester United. Zonder dat belletje vanuit Calais had PSV nooit zoveel geld verdiend. Zelf had Kraay jr. nooit aan geld gedacht, maar zijn vader wél. Die vroeg hem nadrukkelijk: 'Zeg Hans, had jij daar nou niet een heel klein beetje ietsie pietsie van kunnen terugzien?' Kraay jr.: 'Maar dan zou ik opeens zakelijk met Van Nistelrooy verbonden zijn en dat wilde ik niet. Het was een vriendendienst voor iemand die om raad vroeg. Ik was vooral blij voor Ruud.'

Toch zou uiteindelijk ook Kraay jr. een klein gedeelte van de transferkosten in zijn portemonnee terugzien. 'Op een avond kwam ik alleen met Van Raaij in zijn kantoor te zitten. Toen trok ik de stoute schoenen aan. "Ik had het wel erg verkeerd gezien hè, met Van Nistelrooy," zei ik tegen Van Raaij. "Iedereen heeft zijn zakken gevuld, maar als ik in mijn zak voel, dan heb ik een zakdoek in mijn hand. Het moet toch niet gekker worden."'

Nee, het moest niet gekker worden, dat vond Van Raaij ook. Terwijl hij die woorden uitsprak, zag Kraay jr. de hand van de PSV-voorzitter in een vloeiende beweging naar de rechterla van zijn bureau gaan. 'We zijn in Amerika geweest. Ik heb nog 8000 dollar over,' zei hij. 'Ga er maar lekker van op vakantie.'

20

Het einde

Waarin Hans Kraay jr. nog één keer voor een buitenlands avontuur kiest, al heel snel genoeg heeft van de Belgische snelwegen en met een hunebed op zijn rug een marathon moet lopen.

Zo vreemd als zijn carrière bij AZ was begonnen met zijn niet-debuut tegen Feyenoord, zo merkwaardig eindigde de loopbaan van Kraay jr. ook. Halverwege het seizoen 1994/'95 had hij zijn afscheid als voetballer al aangekondigd. 'En daar zal geen hond van wakker liggen,' voegde hij er gemakshalve aan toe. Dat was inderdaad zo, al kwam dat ook omdat het einde nogal abrupt was. Gewoon, ergens midden in het seizoen, bij een nietszeggend clubje uit de tweede divisie in België.

Hoewel Kraay jr. aan zijn tv-baas John de Mol bij Sport 7 had beloofd te zullen stoppen met voetbal, had hij zich daar niet aan gehouden. Dat had alles te maken met een telefoontje in de zomer van 1996. 'Een Belgische makelaar vroeg me: "Allez, meneer Kraay, kende gij ook Sint-Niklaas?" Ik zei nog voor de grap dat ik daar niet meer in geloofde, maar ik moest de volgende dag maar naar het Hilton in Antwerpen komen. Daar zat de baas van die club, een meubelgigant, op me te wachten. Hij bleek nog een libero te zoeken. Hij deed me een prima aanbod: bankstelletje hier, envelopje daar. Binnen een uur waren we eruit.' En zo werd Sint-Niklaas de vijftiende, en dus laatste club, in zijn carrière.

Had hij het trainen bij FC Den Bosch, op de terugweg van zijn werk naar huis, nog ervaren als ontspanning, de ritjes naar de Belgische provinciestad kwamen hem al snel de strot uit. En trainer Raoul Peeters van Sint-Niklaas was geen Chris Dekker, die Kraay jr. bij FC Den Bosch alle vrijheid had gegeven. Sterker nog: het was Peeters een doorn in het oog dat de Nederlander zo vaak verstek liet gaan. Zijn ergernis daarover kwam aan het licht tijdens een oefenwedstrijd, waarin Kraay jr. als meekomende libero uit een hoekschop had gescoord. Maar Peeters verklaarde na afloop die goal doodleuk als ongeldig. 'Want standaardsituaties waren op woensdag getraind en toen was ik er niet. Mijn doelpunt kon hij daarom niet meetellen. Die man was gek.'

De bekeuringen voor te hard rijden regen zich aaneen. Net als de boetes bij de club voor het te laat komen. En op de redactie van Sport 7 bleef De Mol maar aansturen op een afscheid van Kraay jr. op de voetbalvelden. 'Hans, wanneer hou je nou eens op met die onzin, je weet dat je het Nederlands elftal niet meer haalt hè?' vroeg de tv-baas. 'Maar ik vind het nog zo leuk, John,' antwoordde Kraay dan. Maar in werkelijkheid ging in België de lol er al snel af.

De opening van de competitie was een uitwedstrijd bij KFC Eeklo. Aanvangstijdstip: 15.00 uur. 'We vertrokken al om half negen 's ochtends vanaf Sint-Niklaas. Zaten we daar bij Eeklo om twaalf uur al in die kleedkamer. Peeters hield eerst nog een bespreking van vijftig minuten. Dat doodde de tijd een beetje. Maar daarna moesten we ons gaan concentreren op de wedstrijd, met handdoeken over ons hoofd. Ik heb zo tot half drie gezeten, toen mochten we eindelijk naar buiten. Die warming-up bestond uit twintig sprints van vijftig meter en zestig springoefeningen. Om kwart voor drie ging ik naar Peeters toe: "Trainer, ik weet niet of u het in de gaten heeft, maar ik kan niet meer. Het lijkt wel alsof ik met een hunebed op mijn rug een marathon heb gelopen." Die warming-up was nog erger dan een straftraining van Kistemaker.'

Uitgerekend diezelfde Kistemaker zorgde ervoor dat de relatie tussen Kraay jr. en Peeters tot ver onder het nulpunt daalde. 'Na een wedstrijd of drie kwam Simon kijken. Na afloop stond ik met de trainer te praten, komt Kistemaker naar me toe en zegt: "Wat een geschuffelde gek is die trainer zeg." Ik zeg: "Simon, mag ik je even voorstellen, dit is meneer Peeters." Die Peeters nam me dat zeer kwalijk. De volgende dag moest ik bij hem komen. Hij vroeg: "Die meneer Kistemaker hè? Die heeft toch geen club? Hoe zou dat komen?" Het zat hem vreselijk dwars, die opmerking van Simon.'

Kraay jr. hield het welgeteld zes wedstrijden vol in Sint-Niklaas. 'Toen kwam het moment dat John de Mol vroeg: "Hoeveel verdien je eigenlijk met die gekkigheid daar?" Toen ik hem mijn vergoeding noemde, greep hij naar zijn borstzak en zei: "Hier, krijg je dat bedrag nu meteen van me. Maar dan wel meteen stoppen hè?"'

21

De voetballende journalist

Waarin Hans Kraay jr. Marco van Basten naar de keuken lokt, Bobby Robson laat hyperventileren en op de valreep bijna voor het Nederlands elftal wordt geselecteerd.

En zo was Hans Kraay jr. ineens 'ex-voetballer'. Voor iemand die het grootste deel van zijn leven bijna dagelijks in kleedkamers had vertoefd, was dat best even wennen. Want ook al werkte hij op het einde van zijn sportieve carrière al fulltime als presentator, hij was zich altijd voetballer blijven voelen. Geen journalist.

Dat hij de journalistiek was ingerold, had hij te danken aan een bevriende verslaggever, Leo van Rooyen. Die had Kraay jr. eens voor de vuist weg gevraagd of het niks voor hem zou zijn, een column schrijven voor zijn huis-aan-huisblad. Omdat Kraay jr. in die periode toch geblesseerd was, had hij zich achter de typemachine gezet. In de keuken bij zijn ouders tikte hij zijn eerste column. Dat ze werden geplaatst was voor hem al een wonder. En dat er niet eens zo gek veel wijzigingen in werden aangebracht helemaal een mirakel. Maar de eerste stappen op het journalistieke pad waren gezet.

Toen Van Rooyen een paar jaar later de overstap maakte naar *Panorama* nam hij zijn columnist mee. Kraay jr. had bij *Panorama* niet te klagen over de betalingen: vijftienhonderd gulden per verhaal. Het zakcentje kon hij goed gebruiken na alle financiële ellende bij RKC. Met Van Rooyen vormde hij een duo dat interviews maakte met topvoetballers. Kraay jr. stelde het merendeel van de vragen, Van Rooyen werkte de interviews uit. Zo was hun strategie. En eerlijk is eerlijk, die werkte perfect, want de meeste voetballers zagen Kraay jr. meer als collega dan als interviewer. Hij was geen typische voetbaljournalist die op jacht was naar nieuwtjes, schandalen en telefoonnummers. Voetballers voelden zich daardoor bij hem op hun gemak.

De voorsprong die hij als voetballer ten opzichte van zijn schrijvende collega's had, betaalde zich uit bij het EK '88 in West-Duitsland, het toernooi waar Kraay jr. samen met Van Rooyen verslag van deed voor *Panorama*. Twee weken lang waren de spelers van het Nederlands elftal prima aanspreekbaar geweest voor de pers, maar op de dag voor de finale werden de mannen van Rinus Michels volledig afgeschermd door de Duitse politie. Er was geen doorkomen aan. Op goed geluk was Kraay jr. daarom naar het spelershotel in Unterhaching gereden, een dorpje onder de rook van München. Achteloos informeerde hij aan de balie van het familiehotel Huber naar het kamernummer van Marco van Basten. Tot zijn grote verbazing had hij een minuut later de ster van het EK aan de lijn. 'Zorg dat je over vijf minuten achter bij de keuken bent,' drukte Van Basten hem op het hart. Daar nam hij, een dag voor de finale, ruim een half uur de tijd voor een interview.

Was Kraay jr. als voetballer al niet zo honkvast, in de journalistiek zette die trend zich onverminderd voort. Ook zijn verblijf bij *Panorama* was geen lang leven beschoren. Toen zijn artikel met Van Basten was opgemaakt, zag hij tot zijn schrik een veel te smeuïge kop boven het stuk staan. Woedend belde hij hoofdredacteur Ton van Dijk op. 'Ik zei tegen hem: Of je verandert

Na afloop van een interland met bondscoach Marco van Basten

die kop of ik ben weg. Dat was dus einde verhaal bij *Panorama.* Ik heb nergens spijt van, het was een principekwestie, maar achteraf heb ik nog weleens gedacht: zou Van Basten zich ook maar één seconde druk hebben gemaakt over die kop?'

Gelukkig voor Kraay jr. vond hij in Omroep Brabant al snel een nieuwe opdrachtgever, al betaalde de regionale zender hem aanmerkelijk minder royaal dan *Panorama*: 75 gulden per item. De reeks van interviews die hij met collega's ging maken, begon met een vraaggesprek met Eric Gerets. Het toeval wilde dat

NOS-chef Jaap Hofman van *Langs de Lijn* precies op dat moment met zijn auto door Brabant reed. Nadat hij het interview met de PSV-verdediger had gehoord, belde Hofman Kraay jr. direct op. 'Man, wat een slecht interview,' riep hij uit. 'Maar wat origineel. Ik ga je de fijne kneepjes van het vak leren. Wanneer kun je beginnen?'

En zo hoorde Kraay jr. zichzelf een paar weken later al aangekondigd worden na die beroemde begintune van het programma. Met de primeur dat Bobby Robson de nieuwe trainer van PSV zou worden, maakte Kraay jr. bij *Langs de Lijn* een opmerkelijke entree. De tip over de op handen zijnde transfer van de Engelse bondscoach naar Eindhoven had hij gekregen van de zoon van een bestuurslid van PSV. Dat zijn vader een goede relatie met Robson onderhield – Kraay sr. had hem ooit geadviseerd Arnold Mühren en Frans Thijssen naar Ipswich Town te halen – hielp hem een klein stukje op weg. 'Toen ik naar de secretaresse van Robson belde, zei ik dat Hans Kraay hem wilde spreken. De toevoeging junior liet ik maar even weg. Robson dacht daarom dat hij mijn vader aan de lijn kreeg. Nadat hem duidelijk was geworden dat hij met diens zoon sprak, vroeg hij: "What's your question, boy?" Dus ik stelde Robson op de man af de vraag of het klopte dat hij voor PSV zou gaan tekenen. Vervolgens bleef het heel lang stil aan de andere kant van de lijn. Ik hoorde alleen een diepe ademhaling, die steeds sneller ging. Het enige dat Robson nog kon uitbrengen was: "I'm shocked." "U geeft mij wel een beetje de indruk dat het al rond is," vroeg ik maar verder. En weer zei hij: "I'm shocked." "Is het voor één of voor twee jaar, meneer Robson?" En weer zei hij: "I'm shocked." Ik weet nog goed dat mijn item werd aangekondigd. "Hans Kraay jr. heeft vandaag groot nieuws." En vervolgens hoorde je dat bandje waarop Robson drie keer "I'm shocked" zei.' Twee maanden later tekende Robson voor PSV.

Met en als 'Danny Blind' voor It's my Life

Na vijf jaar *Langs de Lijn* stapte Kraay jr. over naar het tv-programma *Tros Aktua Sport*, waar Hofman chef was geworden. 'Gewoon hetzelfde doen als wat je op de radio doet, maar dan met plaatjes,' nam de ervaren chef hem bij de hand. Voor het maken van de portretten van voetballers had hij regisseuse Astrid Wisman aan Kraay jr. gekoppeld. Op weg naar een interview hoorden ze in de auto het nummer 'It's my Life' van Dr. Alban op de radio. 'Dat is een mooi nummer voor de leader!' riep Wisman uit. Kraay jr., nieuw op het gebied van tv-maken, juichte enthousiast mee. In werkelijkheid had hij geen idee wat een leader was.

It's my Life werd een hit op de Nederlandse televisie. Het geheim zat hem in de staart van het item, de uitsmijter. Elke week slaagde Kraay jr. erin om voetballers zo gek te krijgen om iets raars te doen. Jan Wouters liep een modeshow, Folkert Velten reed de sloot in en Jari Litmanen en Finidi George ijshockeyden tegen elkaar. In elke voetbalkantine stond op zondagmiddag de tv aan, iedereen was benieuwd wat Kraay jr. nu weer had verzonnen.

Was hij als voetballer slechts een van de velen, als tv-maker ontsteeg Kraay jr. de grijze middenmoot. Dat viel ook John de Mol op. Volgens de mediamagnaat behoorde de voetballer samen met Marc Klein Essink en Linda de Mol tot de drie grootste tv-talenten van Nederland. Toen De Mol in 1996 Sport 7 uit de grond stampte, trok hij Kraay jr. aan als een van de gezichten van de nieuwe sportzender. Samen met Elsemieke Havenga presenteerde hij *Sportcafé.*

De Mol zag in Kraay jr. een geboren showbizzpresentator. Hij gooide zijn protegé in het diepe door hem in 1997 een live-uitzending rondom de Elfstedentocht te laten presenteren. Later zette hij Kraay jr. in bij *Domino Day*, een uitzending over de wereldrecordpoging voor het grootste aantal vallende dominostenen. 'De enige avond waarop de kinderen thuis de baas zijn,' zei Kraay jr. opgewekt in de vele interviews rondom de wereldrecordpoging. De toekomst lachte hem toe. Dít was waarvan hij altijd had gedroomd. 'Als voetballer wilde ik het Nederlands elftal halen. Dat is me niet gelukt. Daarom wilde ik als presentator koste wat het kost wel het hoogste bereiken. Dat was in mijn ogen: programma's presenteren waar heel Nederland over sprak. Net als Mart Smeets met *Studio Sport* en Henny Huisman met *De Soundmixshow*.'

Naar *Domino Day* keken 3,4 miljoen mensen. Kraay jr. had zich zo trots als een pauw moeten voelen. Eindelijk hoorde hij er écht bij. Maar de volgende ochtend, thuis in zijn verbouwde boerderij in Ophemert, voelde hij niks. '3,4 miljoen mensen is heel veel. Tegelijk is het niks, iets ongrijpbaars. Ik kwam erachter dat ik eigenlijk helemaal geen showbizzpresentator wilde zijn. Ik wilde maar één ding: met voetbal bezig zijn. Dáár lag mijn passie. Dan maar geen miljonair.'

Drie jaar nadat hij een contract bij SBS6 had getekend, verkreeg de zender de rechten voor EK- en WK-kwalificatieduels. Als interviewer voor en na de wedstrijd groeide Kraay jr. uit tot het gezicht van die interlands. Dit was wat hij écht wilde; van dichtbij de spanning voelen. Dat hij daarnaast ook amusementsprogramma's moest presenteren zoals *Lachen om Home Video's*, daar hoorde je hem niet over klagen. Hij werd goed betaald door SBS en bovendien: wie deed hij er nou kwaad mee? 'Als ik bij de benzinepomp kom, zegt een vrachtwagenchauffeur aan een balletje gehakt: "Hé Hanssie, was leuk gister hè, met tattoo-Theo na de bekerfinale." Dan loop ik terug langs een Peugeotstationwagen en daar kloppen een paar kinderen op de deur: "Hé, dat is die leuke meneer van *Lachen om Home Video's*."'

Als presentator van interlandwedstrijden versleet Kraay jr. in de loop der jaren een keur aan bondscoaches. Met Guus Hiddink en Bert van Marwijk had hij als voetballer nog de kleedkamer gedeeld. Met Hiddink zelfs een appartement in San Jose. Maar hij merkte al snel dat dat niet per definitie een spontaan gesprek betekende zodra er een microfoon aan te pas kwam. Beide bondscoaches waren professionals, die eenmaal voor de camera dondersgoed beseften dat ze niet alleen tegen een oud-teamgenoot spraken, maar ook tegen een miljoenenpubliek.

Eigenlijk was het nog het leukste geweest met Dick Advocaat en Louis van Gaal. Met hen kon het voorafgaand aan een interland heel erg gezellig zijn, maar na afloop waren het soms regelrechte clashes. Dat leverde spannende televisie op. 'Heb je soms met je rug naar het veld gestaan,' schreeuwde 'De Kleine Generaal', terwijl de stoom uit zijn oren kwam. Wat dat betreft was zijn voorganger, Rinus Michels, de échte Generaal, een stuk relaxter. Hij had de gewoonte om in bijna elk interview de voetbalkwaliteiten van zijn gesprekspartner op de hak te nemen. 'Als je maar niet denkt dat ik je selecteer, ik heb je gisteren heus wel weer aan de gang gezien bij De Graafschap en daar werd ik nou niet bepaald vrolijk van,' grinnikte Michels zodra Kraay jr. met een microfoon op hem afliep. 'Tenzij er eentje te laat komt, dan kun je je tas gaan pakken.'

De generatie spelers met wie Kraay jr. nog op het veld had gestaan, dunde langzaam maar zeker uit. Op een natuurlijke wijze transformeerde hij zich daardoor van 'vriend van de spelers' tot een kritische volger. Interviews werden zakelijker, al kwam dat ook door bijvoorbeeld de intrede van perschef Kees Jansma bij de KNVB. Prima kerel, die Jansma. Maar als journalist wist hij precies voor welke valkuilen hij Van Basten, onervaren als coach, moest behoeden. Kraay jr. mocht dan veranderd zijn, de voetbalwereld was dat ook. De tijd dat Marco van Basten stiekem naar de keuken glipte voor een interview was definitief voorbij.

22

Omgaan met vedetten (3): Ruud Gullit

Waarin Hans Kraay jr. door een oude vriend in verlegenheid wordt gebracht, verkeerde aanwijzingen van de regisseur krijgt en op een pikant moment een Argentijns steakhouse binnenwandelt.

Het interview na afloop van AZ-Feyenoord (2005) tussen Hans Kraay jr. en Ruud Gullit, destijds trainer van de Rotterdammers, is een hit op YouTube. Het is inmiddels al meer dan 68.000 keer bekeken.

Kraay jr.: 'Ik ben jou tegengekomen voor het trainingskamp in Gran Canaria en toen hebben we het gehad over Pascal Bosschaart als linksback. Toen zei jij tegen mij: "Dat hebben we al geprobeerd en dat mislukte." Maar vervolgens speelt hij alleen maar linksback.'

Gullit: 'Ik kan me dat gesprek niet herinneren met jou.'

Kraay jr.: 'Nou...'

Gullit: 'Volgens mij fantaseer je maar wat.'

Kraay jr.: 'Nee, ik fantaseer niet wat, ik vroeg aan jou: "Bosschaart linksback?"'

Gullit: 'Ik weet niet waar je het over hebt hoor.'

Kraay jr.: 'Ik heb jou gesproken vlak voordat jullie vertrokken naar het trainingskamp.'

Gullit: 'Ik denk dat je in de war bent met iemand anders.'

Kraay jr.: 'Nou, ik ben niet in de war met iemand anders,

Ruud. Ik vroeg gewoon na een interview...'

Gullit: 'Aan mij heb je het niet gevraagd hoor.'

Kraay jr.: 'Jawel, ik zei: "Pascal Bosschaart linksback?" Toen zei je: "Dat hebben we al geprobeerd. En dat lukte niet."'

Gullit in de camera: 'Ik weet niet waar de man het over heeft.'

Kraay jr.: 'Ik zuig dit niet uit mijn duim.'

Gullit: 'Jawel, dat doe je wel.'

Kraay jr.: 'Dat is niet zo. Dat durf ik echt te zweren op alles wat ik bezit.'

Gullit: 'Dan zweer je dat maar.'

Kraay jr.: 'Dat meen ik echt.'

Gullit: 'Tegen mij heb je het niet gezegd.'

Kraay jr.: 'Jij hebt tegen mij gezegd: "Is Bosschaart een linkervleugelverdediger of zie je in hem geen linksback?"'

Gullit: 'Ik heb niets gezegd.'

Kraay jr.: 'Na het interview...'

Gullit: 'Ik heb met jou niks besproken, ik weet niet waar je het over hebt.'

Kraay jr.: 'Over Pascal Bosschaart, Ruud. Ik mag ter plekke doodvallen als het niet zo is.'

Gullit: 'Dat moet je nooit zeggen.'

Kraay jr.: 'Maar ik durf het wel te zeggen, Ruud.'

Gullit: 'Dan ben je een hele grote.'

Kraay jr.: 'Echt, ik kijk je ook aan.'

Gullit: 'Maar ik weet niet...'

Kraay jr.: 'Het is toch een hele normale vraag die ik je stel?'

Gullit: 'Maar je hebt het me nooit gevraagd!'

Kraay jr.: 'Jawel, ik heb het je na het interview gevraagd...'

Gullit: 'Je hebt het niet gevraagd. Jij zegt ja, ik nee. Of wil je er nog over doorgaan?'

Kraay jr.: 'Nou ja, ik stel toch een normale vraag?'

Gullit: 'Wil je er nog over doorgaan?'

Kraay jr.: 'Natuurlijk, ik wil er nog over doorgaan. Ik wil verder met het interview. Maar ik vind het vreemd dat je het niet meer weet.'

Gullit: 'Omdat je het me niet gevraagd hebt.'

Kraay jr.: 'Na het interview...'

Gullit loopt weg en maakt een wegwerpgebaar.

Kraay jr.: 'Echt Ruud...'

Gullit vanaf een afstandje: 'Ik heb het niet gezegd.'

Aan het interview ging een lange geschiedenis vooraf. De twee kenden elkaar al sinds hun tijd bij Haarlem, toen Kraay jr. geblesseerd en Gullit een aanstormend talent was. Ze zagen elkaar op de tennisbaan of later, toen Gullit bij PSV speelde en Kraay sr. daar trainer was, in de stad. Meestal behoorde René van der Gijp ook tot het stapgroepje. Mooie tijden waren dat; Kraay jr. met zijn bravoure, Van der Gijp met zijn humor en Gullit met zijn uitstraling. 'En op het einde van die avondjes kregen we honger. Ik heb nog nooit meegemaakt dat we moesten betalen. Dat had Ruud altijd al gedaan. Niet opzichtig, maar heel chic. Ruud betaalde altijd.'

Het ging mis in 1987. Als vedette van PSV was Gullit al aardig op weg om miljonair te worden. Zijn transfer naar Eindhoven was uit de koker van Kraay sr. gekomen, de man die hem eerder ook al van Haarlem naar Feyenoord had gehaald en door Gullits vader was gevraagd de zaken van zijn zoon te behartigen. Bij PSV had Kraay sr. Gullit zelfs warm weten te maken voor de positie van libero. De technisch manager had dat helemaal voor zich gezien; de grote Gullit die met stevige, daadkrachtige stappen in één ruk het hele veld zou oversteken. En inderdaad, Gullit wérd een sensatie op de Nederlandse velden.

Zozeer zelfs dat er serieuze belangstelling van AC Milan was gekomen. De club was bereid om ver te gaan, maar PSV hield een overgang tegen. Waarom had Gullit anders zijn contract open laten breken? Voor de voetballer zelf, die zijn zinnen op een transfer naar AC Milan had gezet, zat er nog maar één ding op: de verhouding bij PSV dusdanig op scherp zetten dat zijn werkgever wel zou móeten meewerken aan een vertrek.

Om PSV zo ver te krijgen, schakelde Gullit in 1987 de met hem bevriende journalisten Frits Barend en Henk van Dorp in. Het duo van *Nieuwe Revu* had nog een appeltje te schillen met Kraay sr. Die had – niet slim natuurlijk – tijdens een verblijf met PSV in Rusland gezegd dat Frits Barend niet geschikt was voor de radio of televisie, omdat hij met een Amsterdams-Jiddisch accent sprak. Het was voor voorzitter Jacques Ruts reden geweest om in een persoonlijke brief aan Barend te schrijven dat Kraay zijn uitlatingen niet zo had bedoeld en dat PSV zich distantieerde van elke vorm van discriminatie op grond van ras, godsdienst, huidskleur of taal.

Van het één-tweetje tussen voetballer en journalisten zouden alle partijen beter worden: Barend en Van Dorp omdat ze het interview van het jaar hadden en Gullit omdat op deze manier een breuk onvermijdelijk zou worden. Dat de reputatie van Kraay sr. hierbij een flinke deuk zou oplopen, dat moest dan maar. Waar gehakt werd, daar vielen nu eenmaal spaanders. En zo aardig was Kraay sr. voor Barend nou ook weer niet geweest in het verleden.

Een paar dagen voor de publicatie van het geruchtmakende interview wandelde Kraay jr. nietsvermoedend het Argentijnse Steakhouse Gauchos op het stationsplein in Eindhoven binnen. Het was stervensdruk, alle tafeltjes waren bezet. Alleen achterin was nog een tafeltje vrij voor hem en zijn vrouw Gilian. 'Terwijl ik daarnaartoe loop, zie ik dat naast het lege tafeltje drie man zitten: Henk, Frits en Ruud. Een jolijt dat ze hadden... Ze waren aan het lachen, aan het proosten. Voor hen lag de proefdruk van het interview. Ik zag ook een passage vetgedrukt staan: "Hans Kraay gebruikt me als hoer bij PSV." Het werd in één keer stil toen ze mij zagen. Frits begon te blozen. Ik heb die drie toen bewust geen hand gegeven, maar ze netjes goedenavond gewenst en tegen Frits gezegd dat ik hem een héél, héél stoere jongen vond.'

Door die toevallige ontmoeting in het Argentijns Steakhouse wist Kraay sr. van zijn zoon al wat hem te wachten stond. Hij had al iets voorvoeld. Op woensdagavond vroegen journalisten hem na afloop van de bekerwedstrijd FC Den Bosch-PSV om een reactie. Kraay sr. deed echter of hij het interview niet had gelezen, omdat hij naar eigen zeggen geen geld uitgaf aan het blad. Maar op donderdag was er geen ontkomen meer aan. Overal in de winkels lag de *Nieuwe Revu*. 's Middags was Kraay sr. het kantoor van Ruts binnengelopen. Hij wilde Gullit passeren voor de eerstkomende wedstrijd tegen Go Ahead Eagles. 'Met andere woorden: het was Gullit eruit of Kraay sr. eruit. En ja, ik kan me voorstellen dat Ruts toen zei: "Dan jij, Hans." Het heeft me ontzettend veel pijn gedaan, dat interview en de hele nasleep. Mijn vader sprak altijd met zo'n waardering over Gullit. Het mooiste aan Gullit vond mijn vader zijn relaxedheid, dat vond-ie echt geweldig.'

Misschien ook wel omdat hij zelf die eigenschap niet had. Voor een club was er bijna geen beter uithangbord denkbaar dan Kraay sr., de altijd zo rustige en bedachtzaam formulerende coach. Maar dat was slechts de buitenkant. Diep van binnen bij Kraay sr. vrat de stress hem op. Al als beginnend trainer van eerstedivisieclub DFC had Kraay sr. in 1969 gemerkt: 'Ik zie collega's tijdens wedstrijden heel nerveus doen, soms maken ze de gekste grimassen, dat worden wrakken. Ik weet nu waarom trainers zoveel verdienen. In hun salaris moet een hoop ellende verdisconteerd worden.'

Met Ruud Gullit, de man die Kraay sr. aanviel als technisch directeur bij PSV. 'Er is geen bitterheid meer tussen Gullit en de familie Kraay.' © *Henk van Esch*

Als trainer van FC Den Haag kreeg Kraay sr. zelf voor het eerst last van hyperventilatieaanvallen, met enkele aanrijdingen als gevolg. Daarna bleef hij sukkelen met zijn gezondheid. Junior: 'Het kon gebeuren dat ik op zaterdagochtend thuis koffie kwam drinken en dat dan het zweet al in straaltjes over zijn hoofd liep voor pakweg PSV-Veendam. Ik heb dat niet van hem geërfd, integendeel eigenlijk: ik lééf op spanning, als speler, als presentator, als trainer. Ik weet dat mijn vader het erg moeilijk vond dat hij slecht met druk om kon gaan. Maar we hebben er nooit over gesproken. Wij Kraayen zijn niet zo van die praters.'

Ook over de affaire-Gullit zou Kraay sr. lange tijd zwijgen. Pas toen een uitzending van *Andere Tijden Sport* hem vroeg om terug te blikken op die geruchtmakende transfer van Gullit naar AC Milan, stemde hij toe in een interview. Maar dat was pas in 2009, 22 jaar na dato dus. Ook Kraay jr. kwam Gullit nadien nauwelijks meer tegen. Logisch, waar Gullit naar clubs als AC Milan en Sampdoria ging, daar vertrok Kraay jr. de andere richting op, naar Helmond Sport en Eindhoven. Alleen als journalist van *Panorama* was Kraay jr. een keer afgereisd naar Italië voor een interview met Gullit. Dat zijn vader een conflict met hem had, betekende niet dat hij daarom nooit meer met Gullit zou kunnen spreken. Al zat, als hij eerlijk was, de streek die Gullit met senior had uitgehaald wel ergens in zijn achterhoofd. Helemaal goed voelde het niet.

Pas vele jaren later, toen Gullit weer in Nederland was als trainer van Feyenoord, zagen ze elkaar weer wat vaker. Niet meer als vrienden, maar wel professioneel. En dat ging altijd goed. Zo ook die keer dat Kraay jr. namens SBS bij Gullit aanklopte voor zijn medewerking aan een gezamenlijke hulpactie voor Thailand, dat door een tsunami was getroffen. 'Ik had een mooi interview met Gullit gehad, hij vertelde dat hij er niet van had kunnen slapen en dat zijn kinderen hem alles vroegen over de tsunami. Prima allemaal. Daarna stonden we nog wat na te praten. Het was twee dagen voor AZ-Feyenoord. Ik zei tegen Ruud: "Het wordt wel pijnlijk zo hè, met die Bosschaart." Waarop Ruud letterlijk zei: "Ik ben rechts, maar zelfs mijn linker is nog beter dan die van hem." Let wel, hij heeft toen niet gezegd: dit mag je niet gebruiken. Er stonden ook heel wat mensen omheen.'

Twee dagen later legde Kraay jr. hem die kwestie opnieuw voor, maar dit keer in een live-uitzending, voor het oog van heel Nederland. 'Het werd een competentiestrijd. Wat ook niet meehielp was dat regisseur Henk van Meerkerk in mijn oortje een paar keer riep: "Ga door, ga door." Hij bedoelde: ga door met een normaal interview, maar ik dacht dat hij bedoelde: ga door met deze vragen. Hij had achteraf beter kunnen zeggen: "Ander onderwerp!" Ik had het gewaardeerd en gerespecteerd als Gullit had gezegd: ik ga hier niks over zeggen. Maar nu deed hij alsof ik gek was en stond te liegen. Mensen dachten later: dit is de wraak van jr. op Gullit voor zijn interview destijds in *Nieuwe Revu.* Dat is niet waar. Ik kreeg heel veel positieve reacties op de manier waarop ik me in dat interview tegenover Gullit had opgesteld, maar toch zat ik met een rotgevoel terug in de auto. Ik had de waarheid verteld, maar toch knaagde het. Ik had zijn privacy geschonden. Het interview zat me niet lekker.'

Een paar dagen later reed Kraay jr. daarom naar De Kuip, waar Gullit een persconferentie gaf. 'Gullit keek me niet aan. Na afloop ben ik op hem afgestapt. Ik heb toen gezegd: "Ruud, ik ga niet eerder weg voordat ik een kop koffie met je heb gedronken." Dat vond hij ook wel een goed plan. Ik zei: "De ene helft van Nederland vond dat jij gelijk had, de andere helft van Nederland dat ik gelijk had, maar dit was voor ons beiden niet goed. Ik had het niet zo moeten aanpakken." Gullit gaf toen eerlijk aan dat hij het nooit had verwacht dat ik dit onderwerp zo rechtstreeks aan hem zou vragen, hij moest zijn speler beschermen. We zijn er toen prima uitgekomen. Het zorgde voor lucht. In zekere zin voelde dat gesprek ook een afsluiting van dat hele *Nieuwe Revu*-verhaal. Daarna waren we weer de Ruud en Hans van vroeger. Ook tussen hem en mijn vader is het goed gekomen. Ze zijn elkaar daarna weer tegengekomen, op een gegeven moment waren ze beide analyticus voor de NOS. Die hele affaire is nu gewist, de spanning is weg. Er is geen bitterheid meer tussen Gullit en de familie Kraay.'

23

Omgaan met vedetten (4): Johan Derksen

Waarin Hans Kraay jr. aanschuift bij Koffietijd voor mannen, excuses krijgt van Johan Derksen en zijn voornaam in Hanssie, Hanssie ziet veranderen.

'Waarom zit Kraay jr. in de uitzending? De trainer van FC Twente hadden we moeten hebben.' Hans Kraay jr. wilde net de redactieruimte van *Voetbal Insite* binnenlopen toen hij Johan Derksen tekeer hoorde gaan. In de gang, op weg naar het redactielokaal, bleef Kraay jr. staan. Zijn adem stokte. Wat riep Derksen allemaal? Ging dat over hem?

Hoeveel aanvaringen Hans Kraay jr. in *Voetbal International* met Johan Derksen heeft gehad, weet hij niet meer. Wel herinnert hij zich nog precies die ene keer dat de hoofdredacteur zijn excuus aanbood. Het was na een incident achter de schermen, begin 2006, toen Rini Coolen op de wip zat bij FC Twente en Derksen de geplaagde trainer koste wat kost aan tafel wilde hebben. 'Die Coolen moet hier zitten, niet Kraay jr.,' tierde hij.

Op dat moment was Kraay jr. binnengelopen. Het was ijzig stil geworden op de redactie. Zelf had hij er ook maar het zwijgen toe gedaan. Het zou vijf weken duren voordat Derksen bij Kraay jr. terugkwam op het incident. Na een uitzending, in de gang van de studio, pakte hij hem bij zijn arm. 'Hans, wat ik toen heb gezegd, neem ik terug. Jij hebt het volste recht om op die plek te zitten. Je hebt gevoetbald, je bent trainer, je volgt Oranje op de voet en je hebt een mening.' Kraay jr. was er bijna van geschrokken, zoveel complimenten in één keer. Zo kende hij Derksen helemaal niet. 'Maar het heeft me toen erg goed gedaan. Johan Derksen hoeft voorlopig niets meer tegen mij te zeggen: voor de komende twaalf jaar ben ik klaar.'

Kraay jr. was gaandeweg zijn journalistieke carrière een soort duizendpoot geworden. Hij was verslaggever, interviewer, presentator en in 2004 kwam daar dus nog een functie bij: hij werd een regelmatige gast aan tafel bij *Voetbal Insite*, de voorloper van *Voetbal International*. Ofwel, Koffietijd voor mannen, zoals presentator Wilfred Genee het programma eens gekscherend typeerde. Het was simpele tv – vier mannen, een tafel, een huisband en voetbal als gespreksonderwerp – maar het werd wekelijks massaal bekeken. Vooral dankzij de verbale aanvaringen tussen de gasten. En als de uitzendingen al eens dreigden in te dutten, dan zorgde Genee er zelf wel voor dat het vuurtje werd opgestookt. 'Wilfred kan vreselijk irritant zijn, maar is als presentator een tovenaar.'

De onenigheden tussen Kraay jr. en Derksen waren het meest opvallend. Het was niet vaak gebeurd dat iemand tegen Johan Derksen in durfde te gaan. Bij een thema-uitzending van *Voetbal Insite* met drie politici en drie voetbalgasten deed Hans Kraay jr. dat wél. Het was meteen bonje geworden, prachtige televisie. RTL vroeg de oud-voetballer direct of hij vaker wilde aanschuiven. In zekere zin werd Kraay jr. daarmee de opvolger van zijn eigen vader, want jarenlang had Kraay sr. op die stoel gezeten. In 2004 was hij opgestapt na een uitzending waarin KNVB-directeur Henk Kesler te gast was geweest. Kraay sr. was daarin door Genee zo weinig aan het woord gelaten dat hij direct na de uitzending boos was weggelopen. Hij bezwoer nooit meer terug te komen, en hield woord. Weer trad Kraay jr. in de voetsporen van zijn vader. Maar stond hij als voetballer en als trainer nadrukkelijk in de schaduw van zijn vader, als analist overtrof hij hem in populariteit.

Als oud-voetballer beleeft Kraay jr. die uitzendingen van *Voetbal International* bijna als een wedstrijd: anderhalf uur lang strijd leveren, met het reclameblok als pauze. Verbale gevechten, waarbij hij de ene keer uitdeelt en de andere keer moet incasseren. Zo was het als voetballer ook geweest. Vaak krijgt hij de vraag of het niet gespeeld is, die ruzies met Derksen. Het antwoord is nee. 'We kunnen het bloed bij elkaar onder de nagels vandaan halen, maar we kunnen dat heel slecht verborgen houden. Als het gespeeld zou zijn, dan gingen we het theater in en werden we stinkend rijk.'

Hoe lang kent hij Derksen eigenlijk al? Waarschijnlijk vanaf het moment dat hij kan lezen. Elke woensdag plofte bij de familie Kraay in Beusichem de *VI* op de mat. Het was altijd vechten wie het blad als eerste mocht lezen. Als een voetbaljunk verslond Kraay jr. de artikelen. Later als voetballer stond Kraay jr. zelf ook geregeld in het blad, al was dat meestal in de rubriek ''t Wereldje' als hij weer eens een streek had uitgehaald. De enige keer dat Kraay jr. serieus door Derksen was geïnterviewd, was toen de verslaggever samen met Barry Hughes langs karakteristieke stadions in Engeland toerde en ze op hun tocht Brighton hadden aangedaan. Het was een plezierige avond geweest. Kraay jr. waardeerde de nietsontziende Derksen wel. Goed was goed, slecht was slecht. Precies zoals Kraay jr. zelf altijd van huis uit had meegekregen.

Ze zijn geen vrienden en ook geen vijanden. Als ze al iets met elkaar hebben, dan is het wederzijds respect. Maar eigenlijk hebben ze vooral niets met elkaar. Tijdens uitzendingen zag het publiek regelmatig hoe de twee tijdens reclameblokken zwijgend naast elkaar aan tafel zaten. 'In het begin probeerde ik nog een praatje aan te knopen met Johan, maar daar ben ik maar mee gestopt. In de onderbreking zeggen wij welgeteld nul woorden tegen elkaar.'

Met de andere voetbaldeskundige van *Voetbal International*, de aparte René van der Gijp, kan Kraay jr. aanmerkelijk beter overweg. De twee hadden samengespeeld in de jeugd bij Feyenoord en waren stapmaatjes in de tijd dat Kraay sr. trainer van PSV was. Uit die periode dateert ook het verhaal dat Van der Gijp het zou hebben aangelegd met de zus van Kraay jr. 'PSV speelde zijn thuiswedstrijden altijd op zaterdagavond. Ik ging dan kijken met mijn zus en moeder. Mijn vader had ook wel door dat die gasten naar zijn dochter zaten te gluren. Op een gegeven moment was hij het gedonder zat. "De eerste de beste die nog loopt te klootviolen met mijn dochter, die schiet ik kapot," riep hij in de kleedkamer. Iedereen werd stil. Behalve René. Die zei met een stalen gezicht: "Nou trainer, ik zou die Colt .45 maar alvast uit je kofferbak halen, want ik heb de hele nacht met mijn auto op uw parkeerplaats gestaan."'

Typisch Van der Gijp: lak aan de hele wereld. Wat dat betreft is hij nog precies hetzelfde ventje dat Kraay jr. kent uit de jeugdelftallen van Feyenoord. Hij maakt het eigenlijk maar zelden mee dat Van der Gijp niet vrolijk is. 'René is voor mij degene die altijd als laatste binnenkomt voor een uitzending en dan honderduit begint te praten. "Goed hè, Hanssie? Lienden 2-1 hè? Goed hè? Blessuretijdje hè? Heb je je niet te druk gemaakt, Hanssie?" Maar er zijn er maar weinig die René echt kennen, denk ik. Ik ook niet. Zijn inzinking vorig jaar kwam voor mij als een totale verrassing.'

Het was Van der Gijp die het 'Hanssie Hanssie' introduceerde bij *Voetbal International* door Kraay jr. keer op keer te onderbre-

Als jeugdspeler van Feyenoord, samen met René van der Gijp

ken in een verhaal. 'Zodra die linkerhand van René richting mijn rechterpols gaat, weet ik al hoe laat het is.' Maar ook al kende hij deze eigenaardige karaktertrek van Van der Gijp al jaren, het lukte Kraay jr. niet altijd om zijn geduld te bewaren. 'Ja, wat moet je nou joh!' riep hij dan vertwijfeld uit. Sindsdien noemt half Nederland hem 'Hanssie, Hanssie'. Het leidt soms tot bizarre taferelen. Die keer dat Kraay jr. op weg was naar een interland bijvoorbeeld en mensen uit de ramen van hun auto hingen om 'Hanssie, Hanssie' te schreeuwen. 'Hé, Henkie, Henkie,' riep hij maar terug. Zijn populariteit was ongekend.

Dat had Kraay jr. ook gemerkt toen hij in 2010 van SBS een verbod had gekregen om voortaan nog bij de concurrent aan tafel te verschijnen. Aanleiding was de tekst op billboards van acht bij acht meter, die RTL voor de oefeninterland Nederland-Amerika bij de Arena had geplaatst. 'Onze RTL-sterren' stond erop, met grote afbeeldingen van Derksen, Van der Gijp, Genee en Kraay jr. erbij. Zelf was hij er die avond ook voorbij gereden, maar hij had de billboards niet opgemerkt. Helaas voor hem zijn bazen bij SBS wél. 'Ik kan wel een beetje uittekenen hoe dat gegaan is. Die zagen die tekst en zeiden meteen tegen elkaar: dat is dus klaar. Volledig terecht. Ik word door hen betaald, maar was een RTL-gezicht geworden. Ik heb er echt slecht van geslapen. Als het nou mijn eigen schuld was geweest, maar aan dat hele billboard-gedoe kon ik niets doen.'

Het werd bijna een zaak van nationaal belang. Fans van Kraay jr. richtten een website op. Mensen werden opgeroepen een petitie te tekenen, want volgens hen was *Voetbal International* zonder Kraay jr. als een vrouw zonder boezem: 'je mist houvast'. Het kolderieke initiatief werd door meer dan 55.000 mensen gesteund. Zelfs Johan Derksen zette zich in voor een terugkeer van Kraay jr. Desnoods was hij bereid om bij te springen bij *Lachen om Home Video's*, zei hij met een knipoog. Toen er na zes maanden een oplossing kwam – Kraay jr. mocht terug aan tafel, zij het voor één keer per maand – was het voorpaginanieuws bij *De Telegraaf* en volgens *DWDD*-presentator Matthijs van Nieuwkerk alsof The Beatles weer herenigd werden.

Kraay jr. nam zich bij zijn terugkeer voor om rustig te blijven. Dat lukte niet helemaal. 'Ik was net een paard dat te lang op stal had gestaan en een mik haver in zijn bek kreeg: veel te opgefokt.' Misschien was hij de verbale strijd met Derksen te veel gaan romantiseren, bedacht hij zich later. Door alle compilaties op internet had het soms net geleken of ze elke minuut van de uitzending ruzie hadden gehad. Hij wilde de kijkers geven wat ze verwachtten, maar was daarin doorgeslagen. Na de uitzending had Kraay jr. eens goed in de spiegel gekeken en zichzelf vermanend toegesproken. 'En sindsdien gaat het weer goed.'

Al kent hij zijn valkuil. 'Ja, mijn vader is een teer punt. Hij is heilig voor mij. Dat wéét Johan, dat ruikt-ie. Mijn vader begrijpt niet dat ik altijd maar vanuit de underdogpositie moet schakelen. "Pa," zeg ik dan, "er zijn genoeg momenten om mijn mening te geven, want de uitzending duurt anderhalf uur. Het is live, niets wordt gemonteerd, alles is echt. *Voetbal International* is het eerlijkste programma ter wereld."'

24

Het sprookje van FC Lienden

Waarin Hans Kraay jr. opnieuw wordt overgehaald door een De Mol, in de supermarkt een contract tekent en zich opwindt over de parkeerplaatsen van Vitesse.

Eén ding wist Hans Kraay jr. zeker: nooit en te nimmer zou hij trainer worden. Aan zijn vader had hij van dichtbij gezien hoe slopend dat vak kon zijn. Bestuursleden, voetballers, supporters, journalisten; altijd lag zijn vader onder een vergrootglas. En vooral: nooit had hij echt rust, want altijd was er weer een volgende wedstrijd. Als voetballer was Kraay jr. fanatiek geweest, héél fanatiek. Maar hij had nooit in de tunnel gezeten waarin hij zijn vader zo vaak had gezien; dat pa er op verjaardagen wel was, maar eigenlijk ook niet. Dát nooit, nam Kraay jr. zich voor.

In 1999 werd hij trainer.

Een beetje bedremmeld had voorzitter Wim de Mol in de winter van dat jaar op het grindpad van de boerderij van Kraay jr. in Ophemert gestaan. De Mol was voorzitter van de plaatselijke voetbalclub, die laatste stond in de vijfde klasse en zojuist de trainer op straat had gezet. Er was er maar één die hem zou moeten opvolgen en dat was zijn beroemde dorpsgenoot. Of Kraay jr. misschien... De Mol had een kop koffie gekregen. En een stuk taart. Maar daarna werd hij toch echt vriendelijk bedankt voor zijn komst. Trainer? Kraay jr. moest er niet aan denken. Geen zin. Geen tijd ook. Veel te veel gedoe.

Maar De Mol liet zich niet zomaar uit het veld slaan. 'Doe het dan voor drie weken, Hans, totdat we een nieuwe trainer hebben aangetrokken. Kraay jr. zuchtte eens diep en schonk nog een kop koffie in voor de beste man. Hij had wel een zwak voor die voorzitter. 'Goed dan,' zei hij. 'Drie weken en geen dag langer.'

Kraay jr. zou tot 2004 trainer van Ophemert blijven. In de vijfdeklasser trof hij een gezellige dorpsclub met aardige mensen. En hoe bescheiden het niveau ook mocht zijn, het lukte Kraay jr. wonderwel om zijn voetbalvisie over te brengen op zijn spelers. Die was niet ingewikkeld: aanvallend voetbal spelen en overal op het veld druk zetten. Als voetballer had hij zo vaak op de klok moeten kijken om een 1-0 voorsprong uit het vuur te slepen; dat wilde hij als trainer niet weer meemaken. Die speelwijze sprak aan, want in drommen kwam het publiek naar sportpark Kapelhof. Bijna elke wedstrijd was een derby tegen een dorpsploeg uit de buurt. De spelers gingen voor hun trainer door het vuur. Kraay jr. raakte besmet met het trainersvirus. Er was geen medicijn meer tegen bestand.

Er gebeurde nog iets vreemds met Kraay jr.: hij kreeg respect voor scheidsrechters, iets waar hij als voetballer nooit op te betrappen was geweest. 'Ik zag ze aankomen, helemaal alleen met hun autootje. Ze moesten door een haag van vijandelijke supporters het veld op en als dank voor hun inzet werden ze opgezadeld met twee partijdige grensrechters. Opeens viel bij mij het kwartje: je moet die mensen niet aanvallen, je moet ze juist helpen. In vierhonderd wedstrijden heb ik nooit problemen gehad met scheidsrechters. Ik heb één keer met mijn jasje gesmeten omdat ik boos was. Niet op de scheidsrechter, maar op mijn ploeg. Wilfred Genee vond het leuk om die beelden 121 keer te laten zien. Maar ik ben toen niet weggestuurd en heb nog nooit een gele kaart gekregen.'

De belangrijkste kwaliteit van Kraay jr. als trainer was misschien wel het kunnen overbrengen van het wij-gevoel. Dat zat hem vaak in kleine dingen. Dat bij Ophemert de dug-outs aan de overkant van de kantine stonden zinde hem bijvoorbeeld helemaal niet. Kraay jr. wilde tussen het volk staan, niet vol in de wind op een lege vlakte. Op een woensdagmiddag regelde hij een metselaar, een cementmolen en wat vrijwilligers. Een paar uur later stond de dug-out van Ophemert waar hij volgens Kraay jr. moest staan: bij de kantine. Klaar. 'Maar eh, die van de tegenstander dan?' had de metselaar nog gevraagd. Kraay jr. had alleen maar gegrijnsd. 'Die mogen lekker aan de andere kant blijven staan, vol in de wind.'

Op dat soort momenten was hij bijna een kopie van zijn vriend en leermeester Simon Kistemaker. Hij was het ook geweest die Kraay jr., zij het onbewust, op het spoor van het trainersvak had gezet door hem in het veld zelf beslissingen te laten nemen. Kraay jr. werd daardoor gedwongen om tactisch na te denken en dat had een heel nieuw licht op het spel geworpen.

In het eerste seizoen van Kraay jr. steeg Ophemert van de laatste naar de derde plaats. Een jaar later promoveerde de club naar de vierde klasse. Het succes werkte als doping. Hoe vaker Kraay jr. won, hoe meer hij in de greep van het trainersvak raakte. Zelfs zijn vader, niet de meest complimenteuze man op deze aardbol, had gezegd dat hij het vak in de vingers had. Dat wilde wel iets zeggen. Zijn zelfvertrouwen groeide.

Toen Kraay jr. in de krant las dat FC Lienden een nieuwe trainer zocht, had hij zonder aarzeling gebeld naar de voorzitter en hoofdsponsor Adrie Timmer, de baas van de plaatselijke

C1000. 'Ik hoor dat jullie een ambitieuze club zijn, klopt dat?' vroeg hij. Kraay jr. had zijn antwoord niet eens afgewacht. 'Nou, dat komt mooi uit, want dan heb je de nieuwe trainer aan de lijn.'

Een dag later zat hij tegenover het voltallige bestuur van FC Lienden in de kantine van de C1000 en zette hij zijn handtekening onder een eenjarig contract. Kraay jr. werd manager van FC Lienden. Met die wat pretentieuze titel voorkwam hij problemen met de KNVB, die zijn Engelse trainersdiploma's niet erkende. Zijn vriend Piet de Kruif, de aardbeienteler van even verderop in Ophemert, was wél bevoegd en werd officieel de hoofdtrainer van de kersverse tweedeklasser.

FC Lienden was een plezierige club, waar gewoon doen heel normaal was. Die mentaliteit had Kraay jr. goed aangevoeld bij de contractonderhandelingen. 'Hoeveel wil je verdienen?' had Timmer die middag in zijn supermarkt gevraagd. 'Precies net zoveel als de vorige trainer,' antwoordde Kraay. 'Laat ik me eerst maar eens bewijzen hier.'

De charme van een dorpsclub en de ambitie van een hemelbestormer bleken een perfecte match. Al bij de eerste training stonden er 350 man langs de kant, terwijl de vereniging maar 420 leden telde. Met het publiek in een boog om zijn spelers heen had Kraay jr. uitgelegd wat zijn bedoelingen waren. Er zat geen woord Spaans bij. 'Een week heeft 168 uur. Doe in 163,5 uur wat je zelf wilt. Maar in die 4,5 uur dat jullie bij FC Lienden zijn, gaan we het doen zoals ík het wil. Dus heb respect voor de wasvrouw en leg je sokken netjes omgekeerd in de mand, zodat ze niet je zweetsokken hoeft beet te pakken. Heb respect voor de lijnentrekker, want die man doet geweldig werk. Heb respect voor het publiek, want zonder publiek is er niks aan. We gaan het hier samen doen.'

Als coach van FC Lienden na wéér een promotie

Toen het programma na de winterstop vanwege hevige sneeuwval eens afgelast dreigde te worden, belde Kraay jr. naar Piet de Kruif. 'Piet, ik kom je ophalen, we gaan de sneeuw wegscheppen.' Met zijn tweeën waren ze begonnen, de manager van FC Lienden en de hoofdtrainer. Maar al snel kregen ze hulp uit het dorp. Twee man werden er vijf, vijf man werden er tien. En uiteindelijk stond het halve dorp de sneeuw weg te vegen.

Er kwam bij de Betuwse vereniging een businessclub, er

kwam een tribune, er kwamen topspelers en, niet onbelangrijk, er kwamen successen. In vijf jaar tijd promoveerde FC Lienden van de tweede klasse naar de Topklasse. Dat succes was niet uit de lucht komen vallen, maar het resultaat van keihard werken. Op tv, bij die amusementsprogramma's, was Kraay jr. de olijke flapuit, maar op het trainingsveld bij FC Lienden hanteerde hij de zweep. En niet zo'n klein beetje ook. 'De Betuwe is een streek met hardwerkende mensen. Die mogen nooit het idee hebben dat hun ploeg er niet alles aan gedaan heeft,' vond hij. Kraay jr. was een slavendrijver, die trainingen niet zelden tot half twaalf 's avonds liet duren. Ook daarin leek hij op Kistemaker. Als zijn ploeg niet de beste was, dan in elk geval de fitste. Dat betekende dus ook trainen op Eerste Kerstdag en Nieuwjaarsdag, als al hun tegenstanders nog aan de oliebollen zaten. 'Nu snappen we waarom u zoveel alimentatie moet betalen, trainer,' zeiden z'n spelers dan lachend. Maar ze waren er allemaal.

In het begin waren ze bij FC Lienden nog bang geweest dat Kraay jr. vanwege zijn tv-werk vaak afwezig zou zijn. Die vrees was onterecht, want Kraay jr. legde de lat niet alleen hoog voor zijn spelers, maar ook voor zichzelf. Voorzitter Adrie Timmer snapte er soms niks van. Het ene moment zag hij Kraay jr. op tv, het andere moment zag hij hem op het veld staan. 'Hoe hij het doet weet ik niet, maar Hans is er altijd.' De reden daarvoor was eigenlijk heel simpel: SBS was zijn werk, FC Lienden zijn passie.

De enige keer dat Kraay jr. moest spijbelen bij SBS was op 12 november 2008. Normaal gesproken zou hij voor SBS het KNVB-bekertoernooi hebben gepresenteerd, maar deze avond stond hij zelf met zijn ploeg in dat toernooi en was Vitesse op sportpark Abdijhof de tegenstander. Speciaal voor een tv-item van Sierd de Vos voor RTL 7 was Kraay jr. van tevoren met een microfoon op zijn collega Hans Westerhof afgestapt. 'Meneer

Westerhof, maakt FC Lienden normaal gesproken een kans vanavond?' had hij gevraagd. De aardige oefenmeester van Vitesse tuinde er met ogen open in. 'In principe niet...' Westerhof was nog lang niet klaar met zijn antwoord, maar Kraay jr. had de microfoon al weggetrokken. Meteen was hij naar zijn jongens gegaan: 'Weten jullie wat Hans Westerhof net zei...'

Zo was hij al de hele avond bezig om zijn ploeg te laten geloven in een stunt. Alles haalde hij erbij; dat Vitesse op grond van de KNVB-regels vijftig parkeerplaatsen opeiste bijvoorbeeld. FC Lienden had er maar dertig. Toen de spelersbus van Vitesse, een dubbeldekker, op het terrein van Lienden arriveerde, had Kraay jr. zijn spelers naar buiten gedirigeerd. 'Moet je ze nou zien, jongens. Ze kijken letterlijk op ons neer. Dat gevaarte staat op jullie parkeerplaatsen. Jullie vrouwen moeten vanavond vijfhonderd meter lopen door dat verwende zooitje. We klappen erop!'

Dat de sympathieke, maar ietwat naïeve Vitesse-doelman Piet Velthuizen voor de warming-up zomaar de kleedkamer bij FC Lienden binnenstapte, had Kraay jr. ook met beide handen aangegrepen om zijn ploeg op scherp te zetten. De doelman, die hij goed kende van het Nederlands elftal, vroeg of hij een bal mocht lenen. Kraay jr. herinnerde zich wat Kistemaker ooit bij Van Gaal deed en ging los. 'Opgedonderd uit onze kleedkamer, Piet, we zijn hier met een bespreking bezig.' De doelman reageerde verbouwereerd. 'Ik kom alleen even een bal halen, gewoon effe om te voelen, want die ballen hebben we bij Vitesse niet.' Kraay jr.: 'Ja, en daarom krijg je hem nu niet. De eerste bal die jij voelt is in de 89ste minuut, als je hem uit het net moet halen. Dááág Piet!'

Kraay jr. had het mis. Het was niet de 89ste minuut waarin Velthuizen de bal uit zijn doel moest vissen, maar de 78ste minuut, na een vrije trap van invaller Erik de Kruyk. FC Lienden schakelde Vitesse uit en een spontaan volksfeest barstte los. De volgende morgen moest Kraay jr. om half negen op de set van *Domino Day* in Leeuwarden zijn. Hij ging in één ruk door.

FC Lienden was een sprookje. Maar ook sprookjes houden ooit op. Op 20 april 2010 maakte Kraay jr. zijn vertrek bij de club bekend. Op de website legde hij een verklaring af. 'In zeven jaar hebben we met zijn allen alles bereikt wat er te bereiken viel. Mijn gevoel zegt dat ik toe ben aan een nieuwe uitdaging. De voetballerij staat erom bekend dat trainers en clubs altijd vervelend uit elkaar gaan. Dat mag hier niet het geval zijn! Daarvoor hebben we te veel plezier beleefd.'

Na zeven jaar vol gas te hebben gegeven, was het tijd om even afstand te nemen van het voetbal, even tot bezinning komen. Hij was de vijftig gepasseerd, een goed moment om de balans op te maken. Waar stond hij, wat wilde hij nog? In 2006 was hij met Sofie Nuijten in het huwelijk getreden, een 24 jaar jonger Belgisch model. Het advies van zijn vader ('Zoek je nu een keer iemand van je eigen leeftijd, Hans?') had Kraay jr. daarmee in de wind geslagen. De trouwerij op jachtslot Mookerheide volgde op een zware periode waarin Sofie werd getroffen door een herseninfarct. Sofie knokte zich uit de rolstoel en werd weer gezond. En Simon Kistemaker hoefde zich geen zorgen te maken: de bruiloft op Mookerheide zou de laatste zijn voor Hans Kraay jr.

Ook de band met zijn vader was inmiddels inniger dan ooit. Met dank aan Hugo Borst, die de twee portretteerde voor een aflevering van *Vaders & Zonen*. Het werd een openhartige uitzending, waarin pijnlijke onderwerpen niet werden geschuwd. Senior trok het boetekleed aan toen zijn beslissing om zijn zoon niet te laten debuteren bij AZ ter sprake kwam. 'Als ik het zou kunnen herstellen, dan zou ik dat doen,' zei hij. 'Maar het kan niet meer.' Kraay sr. gaf zijn zoon zelfs weleens een compliment, na een uitzending of een wedstrijd als trainer. 'Niet slecht gedaan, Hans,' zei hij dan. Het voelde voor Kraay jr. als een knuffel.

Kortom, wat viel er nog te wensen? Nog één keer een switch maken? Trainer worden in het betaald voetbal misschien? Twee keer had hij een aanbieding van een eredivisieclub gekregen om technisch directeur te worden. Twee keer had hij vriendelijk bedankt. Hij hoefde maar even aan die tunnel van zijn vader te denken om te beseffen hoe mooi zijn leven nu was. In plaats van zich het hoofd op hol te laten brengen door een aanbieding uit het betaalde voetbal, verlengde hij zijn contract bij SBS met veertien jaar. De zender bood hem vrijheid, vertrouwen en variatie. Dat voelde veel beter dan zich 168 uur per week druk maken om RKC-uit.

Eind 2011 meldde zich Topklasser SVZW uit Wierden, een warme dorpsclub, net als FC Lienden; hij tekende voor een half jaar als trainer en voelde zich direct thuis. En voor het nieuwe seizoen wacht alweer een andere club: JVC Cuijk. Dat benepen profvoetbalwereldje kon hem inmiddels gestolen worden, maar het spel bleef trekken. Voor Hans Kraay jr. is voetbal namelijk de mooiste sport ter wereld. Een eeuwige liefde.